大学生心理工作方法探索与实践

——心理辅导成功实例分析

DAXUESHENG XINLI GONGZUO
FANGFA TANSUO YU SHIJIAN
XINLI FUDAO CHENGGONG SHILI FENXI

周明 著

西南财经大学出版社

中国·成都

图书在版编目(CIP)数据

大学生心理工作方法探索与实践:心理辅导成功实例分析/周明著. --成都:西南财经大学出版社, 2024.12. --ISBN 978-7-5504-6444-5

Ⅰ.G444

中国国家版本馆 CIP 数据核字第 2024CE5482 号

大学生心理工作方法探索与实践——心理辅导成功实例分析

周　明　著

责任编辑:李特军
助理编辑:李　佳
责任校对:石晓东
封面设计:墨创文化
责任印制:朱曼丽

出版发行	西南财经大学出版社(四川省成都市光华村街55号)
网　　址	http://cbs.swufe.edu.cn
电子邮件	bookcj@swufe.edu.cn
邮政编码	610074
电　　话	028-87353785
照　　排	四川胜翔数码印务设计有限公司
印　　刷	成都市新都华兴印务有限公司
成品尺寸	170 mm×240 mm
印　　张	8.75
字　　数	130千字
版　　次	2024年12月第1版
印　　次	2024年12月第1次印刷
书　　号	ISBN 978-7-5504-6444-5
定　　价	68.00元

序　言

　　高校辅导员工作在大学生思想政治教育的第一线，是联系沟通学校与学生的桥梁和纽带，对大学生的成长成才起着至关重要的作用。随着高校辅导员专业化进程的不断深入，高校对辅导员工作提出了更高的要求。作为辅导员的工作对象，大学生正处于人生观、世界观和价值观形成的关键期，会面临成长过程中诸多困扰与挑战，若不注重教育引导，极易形成各种各样的心理问题，从而影响其成长成才。因此，辅导员做好大学生心理健康教育工作，帮助大学生成长成才，意义重大。

　　辅导员作为高校学生管理工作的实施者，必然要面对层出不穷、各式各样的学生工作案例。笔者作为一名长期从事学生工作的高校教师，从事辅导员工作近10年，结合自身的心理学专业优势，融合心理健康教育和思政教育，立足辅导员岗位职责，将心理学方法应用于学生工作，真正做到"做青年朋友的知心人、青年工作的热心人、青年群众的引路人"。

　　本书共收录了笔者近几年处理过的大学生常见心理辅导案例，尝试在纷繁复杂、千变万化的案例中，力求通过"案例回溯"式的分析研判和总结，将心理健康教育理论与实践紧密结合，开拓育人路径，努力提升案例文章的可读性和可操作性。本书所列案例都经过编写加工，读者无须过分代入。

鉴于笔者的水平有限且时间仓促，本书难免存在不足，在此欢迎广大读者向我们提出宝贵的意见建议。

周明

2024 年 10 月

目 录

第三篇　应激与危机篇

第四篇　人际情感篇

第五篇　团体辅导篇

第一篇

适应与发展篇

案例 1 大学太难了，我想退学了

导语：很多大学生在初入学时会感到种种不适应，无论是"好学生"还是所谓的"问题学生"，都需要我们及时给予教育引导。这种不适应可能每个人都会存在，只是不适应的内容存在差异、适应期的长短也有所不同。若学生感到不适应的状态持续出现，则很可能会诱发精神障碍，甚至危及生命，这就需要引起辅导员们的高度重视。

一、基本情况介绍

小马，少数民族，来自我国西北地区，个子不高，皮肤黝黑，自小在农村长大，父母均在家务农，家庭经济较为困难。小马所在学校规定大一学生均须就读于通识学院，直至大一下学期进行专业分流。作为专业辅导员，我在交接小马的档案时就被告知，小马自入校以来，由于生活习惯与文化信仰的不同，加之所受教育的缺乏，学业进度也跟不上，目前大一第 2 学期就挂科 7 门课，表现出对大学生活学习的极度不适应。小马现在的学习动力不足，多次表示想退学回老家。

我校的新生军训设置在大一下学期的 7 月份，学生也是从 7 月份起由专业辅导员带领。小马进入专业学院的第一件学习任务就是军训。最开始小马不愿意军训，只想待在寝室里。我了解情况后立刻与小马沟通，他的情绪相对稳定。经过细致沟通和交谈，我进一步了解了他的学习和生活背景。在学习上，上大学之前，小马的学习成绩一直名列前茅，有理想、有抱负，想大学毕业后找到一份好的工作为父母减轻压力，但在进入大学后出现了一些不适应，一时丧失了奋斗目标。在生活上，该生所在的舍友均是本地学生，生活习惯和文化信仰存在差异。特别是小马与其中一位同学的生活习惯非常不合，出现了寝室矛盾。整体而言，在大一期间小马对本寝室同学心存戒备，不太融入，试图改变自己的生活习惯但又无法全身心改变，因此夜不能寐，不思茶饭。再加之大学学业与高中学业相比，有许多变化，让小马无所适从，即使努力了，但仍会挂科。长久的不适应让小马在心理上发生了很大的变化。

军训的第三天，我突然收到了小马的微信，说自己精神崩溃想找辅导员聊一下。我立即将其约到办公室，认真倾听他的诉说。在了解事情原委后，我意识到小马现在一心想着要退学回去重新读高中再考大学，他认为只有这样才能有更好的生活。我一边试探，一边劝导，慢慢尝试帮他走出思维的怪圈。逐渐地，小马的情绪平静下来。他表示，经历这样一番谈话，感觉轻松了很多，并答应我先好好军训，下个学期会好好学习，目前能做的是尽量少想这些困扰他的问题。此后，我一直通过微信与小马保持联系、交流近况，小马也表示自己状态很好，没有什么问题。

直到军训第六天的中午 12 点，小马突然发来微信，我意识到事情紧迫，于是立刻与小马进行单独交流。小马说自己压力太大，真的不想在大学里面待着，甚至不想活了。小马这段时间一直想要改变自己的心态，他认为大学失败了，以后自己的人生也失败了，怕对不起父母，加之没有朋友，甚至觉得同学们特别上进的状态也会让自己更难受，即使是同学间友好的帮助也会让他敏感难受。由于小马过度地思考人生与未来，加之这几天陆续公布的并不理想的期末考试成绩，以上种种挫折都让小马觉得自己无颜面对父母，既想退学又怕家人不接受，夹在中间特别难受，只想选择结束自己的生命。原本小马已经买好了火车票，准备回家与父母好好沟通后就结束自己的生命，但希望走之前能跟我见一面，所以给我发了企业微信。我此刻已经意识到小马的问题不是通过沟通、疏导就能解决的，也许已经发展为更严重的精神疾病。随后我与小马的父亲通了电话，说明了他的现状。小马的父亲在得知小马的情况后，第一反应是不太相信，甚至以为是辅导员"诈骗"。但在多次沟通后，小马的父亲才知晓真实情况，同时也表示非常支持学校的工作，并说服小马下午就到学校心理中心找专业医生进行面谈。当天下午，我为小马申请军训假条并陪同小马去了心理中心。通过交流，学校心理中心坐诊校外医生评估小马有自杀倾向，建议将小马送往专业医院挂号就诊。经过专业诊断，医生确认小马需要住院接受治疗。

在小马住院期间，我第一时间为小马申请了军训假条，并做好课程协调，免去小马与家人校内手续的麻烦。同时鉴于小马特殊的家庭情况，经请示批准，学校为小马申请了临时困难补助，减轻小马家因为住院而带来的经济负担。同时，我一直同小马的父母和舍友保持联系，确保小马不出现意外，并要求小马的家人尽快赶到。在小马入院的第二天下午，小马的父亲赶到医院，不愿相信自己的儿子会有心理障碍。经过全方位会诊，小马被确诊为患有适应性障碍。一星期后，小马痊愈出院，由其父亲带回家休息。经过这次事件，小马父亲意识到了小马的压力，愿意让小马休学回家调整状态。随即，我为其办理了休学手续，经过一年的调整休息，小马复学，经向新辅导员了解，小马目前各方面状况良好。

二、案例分析

（一）社会因素

小马离开家乡来到大学，相当于来到一个完全陌生的环境。不熟悉周边环境，又是从乡村转到城市读书，对城市的交通、建筑、生活方式等都感到陌生，难以迅速适应；同时，面临着人际关系的重组，短时间内难以与新同学、新室友建立友好关系，加剧适应困难；文化差异，如语言不通、饮食习惯不同等原因，让小马感到在新环境中格外拘谨和不适应；加之大学生活方式改变，小马需要适应新的生活与学习方式，如校园生活、作息时间、自理能力等，这种改变可能带来压力。最终，小马在医院被诊断为患有适应性障碍，说明了小马因为环境因素导致了心理困扰。适应性障碍是一种常见的心理障碍，一般是因环境改变、职务变迁或生活中某些不愉快的事件，加上患者的不良个性，而出现的一些情绪反应及生理功能障碍，并导致学习、工作、生活等方面出现问题。此种心理障碍常见于入伍新兵、大学新生、移民或灾民中。

（二）家庭因素

小马来自偏远地区，父母都是农民且文化层次不高，家庭经济状况较差。他自小接受到的家庭教育就是要努力学习，通过读书改变命运。小马父母为了让小马安心读书，从未让小马接触过多的家务劳动，对其生活多有照顾，当小马成绩较好时，父母会以此为荣向他人炫耀。整体来讲，小马的父母对其期望非常高，对其学习也非常在意，甚至在其中小学时期以非常严厉的手段来激发小马的学习，小马将父母的要求、期望内化为自己的要求、期望。在这种环境下生活的小马，一心只想通过自己的努力，好好读书，走出农村，改变自己以及家庭的生活。当小马在适应新环境时，这些因素在无形中会给予他更多的压力感与使命感。

（三）个人因素

①不当的自我价值感。受父母的影响，小马自小努力上进，学习认真刻苦，并将学业成绩作为唯一评判自我价值的。成绩好，个人就有价值，就能得到父母的爱。而当小马进入大学后，他的成绩在这个新群体中就显得不再优秀了，甚至在眼界、学识等很多方面相比都相差甚远。原来引以为傲的东西没有了，这使小马产生了很大的落差和挫败感。更致命的是，当大学期间出现成绩挂科时，小马更觉得自己一无是处，没有任何价值，觉得对不起父母，全盘否定自己，最后甚至觉得活着没有什么意义。

②习得性无助。小马在学业上也曾付出过努力，但是由于自己的基础较差，一而再、再而三地感到学业受挫，产生了习得性无助，进而产生的

绝望、抑郁、意志消沉等心理状态。一次次的失败，促使他对自己的学业状态做出了不正确的归因，让他认为自己个人能力不行，因而主动放弃努力，认为自己无论多么努力，都将难以提高学习成绩，从而不再努力、放弃努力，甚至放弃生命。

三、处理策略与过程

第一，重点学生重点关注，建议良好关系，一旦出现危机，第一时间保护学生安全。在接到大一辅导员反馈小马的异常情况时，我第一时间对小马进行了重点关注，同时适当给予关心关怀，用真诚的心与小马建立良好的关系。只有这样，小马才能信任我们，才能在遇到问题时可以习惯性地找我们倾诉和寻求解决办法。小马愿意诉说他的真实想法，并在离开前约跟我见面，就说明之前双方的沟通是有效的，他是信任我的。当学生明确表示不想活的想法时，我要做的首先是联动学院整体力量，对学生做好安全保护。在与小马进一步交流时得知小马有结束生命的冲动，我意识到了事情的严重性，小马可能已发展成精神疾病。我的策略是温和地安抚他的情绪，同时迅速联系他的家人、学校心理中心、医院等，使小马及时到医院接受治疗。只有这样，才能让小马更好地接受治疗，才能继续完成学业，融入社会，正常地生活。

第二，为学生适度减压，增加面对现实的正向力量。小马把学业看得非常重，这本身就是一种非常态。可能是对生活中不如意的逃避，是对家庭关系的补偿。正是由于他背上了过重的学业压力而导致学业吃紧和"失败"，有了挫败感之后又恶性循环地想用逃避的方法——退学，来对待学习上的不如意。在这个过程中，我注意用词和态度，避免刺激学生，争取让学生能够主动说出事情的原委，以共情的方式拉近与学生的距离，不一味批评或指责。我一面对小马为家庭付出的考虑与实际努力表示欣赏，一面也运用积极心理学的方法，帮助小马建立更正确合理的自我评价标准，而不再把学习当作评价人生价值的唯一标准，引导小马辩证地看到家庭对他的照顾与牺牲，使其建立"为自己而学"的内部学习动机。

第三，正常化小马的适应不良情况，辅导员要做的是给予关注并积极沟通和引导，减缓其内心焦虑。小马从小生活环境相对单一，周围大部分是和自己民族相同、生活习惯相似的人。来到大学后，小马接触到的新同学，彼此拥有不同的生活习惯和文化信仰，一时难以接受，而未在第一时期接受进行有效的疏导和帮助，从而留下心理阴影，对未来感到迷茫。军训期间，我收到了小马的信息并了解了事情的经过，我采用的处理方法是对小马进行深入的心理劝导。一方面，通过试探来了解小马的真正想法，稳定他的情绪，让他能放松心情；另一方面，引导他正确看待适应不良的情况，也让他用客观、理性的方法来看待同学间的差异，甚至用我的亲身经历开导小马，从而减轻他的自我焦虑。

第四，联动家长，做好学生与家长沟通的桥梁。小马的家长接到我的电话，表现出不信任，不相信小马出现了严重的心理问题，作为辅导员，我从学校的角度，将小马潜意识的想法传递给家长，让家长能更体谅小马的辛苦与努力，不否认他的价值感，从而为小马舒压，在取得家长同意后，我立即带小马去专业医院就医。

总体而言，这个案例的处理过程遵从了危机干预的一般原则，即"保护学生安全第一、联系家长为重、紧急舒压赋能"，整个处理过程都要按照危机处理体系有条不紊地进行，并随时记录与各方的沟通过程及结果，以便日后进行备查和监控。这个处理过程体现了辅导员日常思政与心理融合的重要性，即"思政当中有心理，心理当中有思政"，辅导员要从学生日常行为中敏锐觉察到学生异常状况。

四、结果与启示

学生从出现心理问题到最后发展为精神疾病，这是一个渐进的过程。发生这件事情后，正是由于小马对辅导员的高度信任，辅导员才能在第一时间发现问题所在，采取恰当的方式及时处理。

启示：本案例中的学生心理问题逐步演化成精神疾病，最终入院治疗并休学降级，结果虽然有些遗憾，但是仍然有很多值得深思的地方。比如，辅导员需要在大一新生入学后及时引导学生相互认识，认识差异，接纳差异，增加班级和宿舍凝聚力，增强学生的适应能力，同时在学生入学之初对其家庭情况进行摸底，对家庭教育条件较差的学生给予重点关注，及时有效地预防大学生心理危机的发生。同时持续对大一学生进行相关的心理健康教育，帮助学生正确认识家庭的影响，并用更为积极的心态看待曾经发生的负面事件，把自我价值感的主动权掌握在自己手中，为自己的选择和发展负责任，是更为长久的发展之计。最后，当辅导员觉察到学生通过多次交谈收效甚微的时候，就需要警惕并意识到学生的问题可能超出了日常辅导的范围，需要转介到专业机构或咨询中心，及时寻求专业帮助。

案例 2 重振旗鼓，涅槃重生

导语： 在大学，时常会有学生因各类原因中断学习，办理休学调整的，比如身体疾病、心理障碍、学业困难等，休学可以提供较完整的空档期去好好地调整自己身体、心理等各方面状态，有利于复学后以更好的精神面貌回校完成学业。休学期满后复学，虽回到了美丽的校园，但后续仍有一系列问题需要引导处理，辅导员要给予其关注和关怀，否则就会出现和新班级无法融合、独来独往、生活学习规律无法及时调节等新情况，进而严重影响其学习和生活。

一、基本情况

小 D 同学，在大三下学期考试期间，因学业压力过大，加之寝室矛盾、家庭环境等多种原因，诱发了心理疾病，多重负荷下不堪重压办理了休学。经过一年的休整，综合医院出具的测试结果、诊断报告，学校认为小 D 同学符合复学的各项条件，并安排其根据流程办理了复学手续。复学时，小 D 由母亲陪同。小 D 母亲专程到辅导员办公室，告知了小 D 休学期间的生活：休学期间，母亲定期监督小 D 服药，也不再给小 D 学习上的压力，这一年在家里过得还是比较清闲，按时吃药，平时就是看看书，和朋友一起出去爬爬山，整体状态还行；但这两天在校外住宿期间，母亲感觉到了小 D 进入校园时的紧张情绪，希望辅导员老师能在日常生活当中多多关注小 D 的情况。同时母亲也担心小 D 进入新班级时，没有认识的人，可能会不太适应，担心同学们用异样的眼光看待小 D 而无法建立良好的人际关系、无法取得令小 D 自己满意的学习成绩。我让家长放宽心态。因为学业、心理等原因复学回来的同学是学院老师重点关注的群体，一方面他们自己本身有难题需要克服，另一方面又面临融入新集体、适应新环境等方面的问题，如若处理不好，很容易在大学变成一个真空状态，独来独往，所以从程序上，学院都会对这类学生保持高度关注。

另外，我在帮助小 D 办理复学手续时，也充分为学生着想，第一时间获取学生信任，对学生个人情况进行全面了解，进而提前为帮扶计划做准备。在全面了解小 D 的学习、家庭、人际关系、心理状态等情况后，我重点分析小 D 休学的原因，发现小 D 休学的因素错综复杂，最主要的原因是期末考试期间，因其个人过于注重学业成绩，诱发了躁狂发作，严重影响其学习和生活，最终导致休学。

二、案例分析

此案例反映的是因躁狂发作而休学的学生再复学时遇到的心理调试、环境适应、人际交往、学业压力等问题。复学后的前几周是关键期，辅导员需要帮助学生顺利完成复学后的转变，帮助其融入新的班级宿舍，树立"事情总会被克服"的乐观信念，以更好的状态回归学习。

三、处理策略与过程

（一）情感帮扶，心理关怀

辅导员结合小 D 的需求与现实情况，安排好小 D 的寝室分配，并提前找小 D 的新室友谈话，引导同学们热情接纳小 D，并对小 D 进行情感帮扶，帮助其快速融入新的环境，建立良好的人际关系。经过沟通，宿舍三位同学非常愿意帮助小 D。我还特意叮嘱宿舍长小静要承担好责任,做好舍友之间的相互协调,帮助小 D 尽快融入宿舍、融入班级。

(二) 积极赋能,促进融合

小 D 休学前是班级的团支书,工作能力在上一任辅导员那里得到了非常多的认可。因此,我也再三强化小 D 的主观能动性,鼓励并指导小 D 积极参加学院活动,通过活动克服自卑情感和焦虑情绪,获取积极的情感体验,提升自我效能感,塑造积极的心理品质,获取主观幸福感。

(三) 转变思想,助人自助

辅导员帮助休学后复学回校的学生完成过渡,引导其做好学生的思想工作是关键。首先,引导小 D 正确看待"心理困境",减轻个人心理负担。复学后就是正常大学生,可将之前的状态视为作心灵感冒,要定期就医,谨遵医嘱,按时按量吃药。其次,引导小 D 主动融入新环境。小 D 应作为新班级、新宿舍的一员,应积极参加班级和宿舍的活动,主动承担班级宿舍的事务;引导小 D 辩证看待学习问题,学习不是评价个人价值的唯一标准,不能将考试价值化;引导小 D 要懂得求助,遇到问题要随时向辅导员和身边同学发出求助信号。

四、家校联动,协同发力

在上次与小 D 的母亲与我见面之后,我们互加微信,平时多次与其母亲联系,并告知小 D 在学校的近况。同时提醒小 D 母亲仍需要定期联系小 D,转换沟通方式,以无条件的爱来应对学生,避免出现疏于关怀、亲子关系淡漠的不良情况;一旦碰到问题,需要积极正面沟通,确保家长常态化、及时性地为小 D 提供支持和关怀。家校协同育人,让小 D 感受足够的爱与关怀,并从中汲取前进的力量。

五、结果与启示

经过大三上学期的学习，小 D 的学习成绩取得了很大进步，在大一挂科的课程也重修通过。现在的小 D 积极融入班集体，乐观向上，人际关系和谐，曾多次参加班级活动；与室友相处和谐，多次组织室友集体活动。由此可见，小 D 在面对更多的挑战、压力和机会时更有力量了。

启示：复学学生对环境的适应问题往往涵盖心理、学业、环境、人际交往等多种因素，错综复杂，相互影响需要协同多方力量进行妥善处理。学院辅导员通过班委帮扶、家校沟通、专业支持、无条件陪伴等途径助力学生成长，通过建立台账、一生一档做好休学后复学学生的管理和衔接工作，持续关注复学学生的学习状态和生活状态，及时提供必要的帮助和支持。辅导员要坚持"爱与服务"的理念，避免"低看"或"高看"学生，从而消除休学后复学学生的病耻感，做好复学学生的心理关怀和学业帮扶工作，助力学生成长成才。

案例 3　自由需要边界

　　导语： 在日常工作中，我们经常会遇到一些旷课或是不假不归的学生管理案例。这些问题虽然常见，却是对辅导员工作能力的考验，只有及时妥善地处理这类问题，才能给学生指明方向，保证学校良好的教育教学秩序。

一、基本情况

　　小 W，女，作为辅导员，我对她并没有特别的关注，只是和对待其他同学一样来对待她。小 W 日常表现也是普普通通、平平常常，跟大多数学生一样，并没有表现出太多的特点。在专业分流后的第一学期，小 W 对大学的学习、生活等方面表现出了一些不适应。一开始只是偶尔旷课，期间也有迟到早退的现象。当发现该生出现这些行为后，我及时找她谈话，一方面了解该生旷课的具体原因，另一方面对该生的家庭、过去的上学经历等进行深入细致的了解。经过这次谈话后，该生的表现有所好转，旷课的次数有所减少。自大二新学期开始，小 W 纪律意识淡薄，常有不假离校、行踪不明等现象发生。我发现了事态的严重性后，首先将小 W 叫到办公室，了解具体的旷课原因，然后对其行为进行批评警示教育。尽管如此，我仍然未搞明白该学生旷课的真实原因。于是，我决定与该生的家长取得联系，向家长告知学生的情况。据小 W 的父亲称，该生从小叛逆，高中辍学两次，经常把父母的电话屏蔽，拒绝与家长沟通交流。在交流中，我向家长告知了小 W 的旷课情况，以及学校对于学生旷课的处理。加之小 W 未参加提前通知的专业培训会，辅导员告知其父亲这一情况，强调该生长此以往将来毕业可能存在问题，也会受到处分，而且行踪不定存在安全隐患。学院学生工作领导小组已对小 W 的违纪行为进行了及时的帮教工作，然而该生未充分认识到自己的违纪错误行为。

二、案例分析

学生出现违纪错误行为的原因有以下两方面。

（一）规则意识淡薄

学生自小就以自我为中心，叛逆成长，以不遵守规则为荣。特别从高中步入大学后，普遍认为大学的自由是无约束的、绝对的，不仅忽视规章制度，更松懈了对自己的要求，没有树立规则意识。

（二）不适应新环境而出现的厌学行为

专业分流以后，学生搬到新校区。面对新环境、新学习方法及新室友，学生极易在心理上产生不适应，甚至是比较大的波动，从而容易出现因陌生感而产生的厌学或其他违规违纪行为。

三、处理策略与过程

（一）走进寝室，充分了解学生真实情况

为了了解真实的具体情况，辅导员通过电话、短信、QQ（网络社交平台）、同学传话等方式联系学生来办公室交流，学生置之不理。因此辅导员只有通过"曲线救国"的方式，多次走访学生宿舍，尤其到小 W 所在

宿舍逐一关心每个成员近期的状况，通过顺其自然的方式抽丝剥茧，与学生建立互信。在多次走访寝室后，小 W 谈到厌学的主要原因是对所学的专业完全没有兴趣，感觉自己每天坐在教室很无聊，在宿舍待着也没意思，所以和其他学校的同学每天在外面搞自己的其他"事业"，而这些事可能得不到家人的认同，自己不又想跟老师和家长解释，于是就按自己的想法来做事情。

（二）教育转变学生认知，引导学生树立规则意识

没有规矩不成方圆，以规章不变应情况万变。我将小 W 旷课 16 学时（除去生病、请假期间），累计宿舍不归 3 次（除去生病、请假期间）的情况根据学生手册的规定将可能受到的处分告知小 W，并提醒小 W 要加强纪律意识、端正学习态度。

（三）肯定学生积极力量，全面关心关怀学生

作为辅导员，我对其进行了深入的谈话。在这个过程中，我也充分鼓励学生表达她本人的看法。我一方面表达了对小 W 积极进取的欣赏和肯定；另一方面也引导小 W 进行深刻反省，看到了自己思维不甚成熟。自由是相对的，它是需要边界的。辅导员不会因为请假多而不给予请假。在完全理解和尊重的基础上，小 W 承诺，以后将按学校规章制度进行请假。随后的几周时间里，我格外关注小 W 的情况，并提醒班在各方努力下，干部和该生宿舍的其他同学加强关心小 W 的生活、学习。后来，在各方努力下，小 W 的厌学情绪好转多了。

四、结果与反思

小 W 经过长期的规则意识教育，现在已开始遵守学校规章制度。虽然经常因其他事宜请假，但未出现不假不归或是失联的情况。在大四就业

时，小 W 甚至创办了一家微型企业。

启示：辅导员是大学生知识、情感和能力火种的点燃者。对于大一新生或是专业分流后的"新生"，辅导员一定要及时帮助其新环境、适应新生活，最大程度避免学生在入学初期出现的种种不良行为。辅导员要提高认识，正视规则教育的重要性，将其作为思想政治教育的重要环节，引导学生了解规则、认识规则，使规则成为学生的内在需求和生活习惯，从而转化为规则意识，为学生今后步入社会培养执行力和责任感。辅导员并非"全能"，要着力发挥学校、学院在制定规章、营造环境方面的统筹力及同辈、朋辈之间的影响力，同时与家长保持密切联系，结合家庭教育，将规则教育由校内延伸至校外，协同各方力量，共同帮助学生提高规则意识。

案例 4　爸妈，我只是想做自己

导语： *每一个学生都有自己的梦想，有时这些梦想不一定是学生家长所支持的。当梦想不能自由实现时，学生就会以某种方式来表达自己的内在诉求；而当常规表达无法得到满足时，学生就会采用极端方式来实现自己的梦想。辅导员要看到学生的内在动力，并做好家校沟通的桥梁，为学生发声，为父母解忧。*

一、基本情况

小池，女，出生在新疆一个富裕家庭，父母均是国有企业中层干部，家庭经济条件较好。父母对小池管教严厉、期望甚高，为她规划好学习内容，如小池稍有犯错，便打骂责罚。由于父母工作忙，小池从童年起，多被寄宿在爷爷奶奶家，因此也免受了一些皮肉之苦；在其初中时曾因早恋与异性发生了亲密接触，随后的流言蜚语和相互不信任导致最终以分手结尾。

上大学后，脱离了家庭压抑的氛围，小池对大学校园一切都很好奇，满怀憧憬，尝试着与同学们交往，新环境给她带来了欢喜和兴奋。小池与父母打电话，父母一味只关心学习成绩，所以通话常常不欢而散。小池假期回到家里，仍旧是面对严厉的管教。大二开始，小池自觉学习成绩一般，由于自身优越的条件，想出道当明星，但遭到父母的强烈反对。小池为了存钱实现明星梦，通过在社会上参加选秀、与人陪酒、陪唱歌等方式来赚钱。在寝室，小池孤僻不合群的性格显露，与同寝室同学常因琐事发生争吵，和同学发生矛盾成为家常便饭。由于不善交往，小池性格愈加易怒暴躁，多次找原辅导员申述解决同学间矛盾，但几次调解开导收效甚微。小池的精神状态越来越差，常常因为头疼而睡眠时间很少。最终，小池申请在校走读。

我在小池读大三时接手该班级，依据原辅导员的嘱托，对其重点关注，我也多次主动联系小池，给予关心关怀。在发现小池多次无故旷课后，我找到小池进行批评教育。交流下来，小池对待老师的态度非常诚恳，也愿意听从老师指导。因为小池优越的自身条件，我让其在运动会上担任领礼员，在重要场合担任颁奖礼仪等，重在发挥小池的优势，建立良好的师生关系。

大三某一天晚上 11 点多，我接到学校保卫处打来的电话。小池在居住地的 33 楼阳台栏杆上喝酒哭闹，扬言要跳楼，保安巡查发现后报了警。派出所与学校保卫处、学院联系，告知小池当前情况。我接到电话后，第一时间赶到现场，协助派出所、消防队将小池解救至安全地带，同时将这一突发情况报告了学院党总支副书记。随后第一时间联系小池的家长并告知情况。在小池的出租房里，经过现场 1 个多小时的情绪疏导和安抚，小池的情绪基本稳定，无过激行为出现。我交代同居室友要密切关注小池的动静，防止再次出现过激行为。凌晨 4 时许，学院副书记与我离开现场。第二天早上我再次联系家长，并催促家长前来做好陪护工作，同时赶至出租房内，关心学生状态，并向其室友进一步了解小池的情况。原来小池曾有过抑郁症病史，目前一直在服药。事发的前两天，小池与其母亲发生过激烈争吵。

二、案例分析

（一）专制型家庭教养方式的影响

心理学家根据"接纳或回应"以及"要求或控制"两个维度把养育方式分成四类，分别是专制型教育方式、权威型教育方式、放任型教育方式以及不作为型教育方式。所谓"接纳或回应"维度描述了父母对孩子表现出多少关爱，对孩子有多少回应。而"要求或控制"维度则描述了父母对孩子限制和要求的情况。小池虽然生长在富裕家庭，衣食无忧，但其家庭成员间缺乏沟通，强硬的望子成龙愿望。造就了小池父母专制型的教育方式，他们的限制性非常强，会对小池强加很多规则，并要求小池严格遵守，使她产生逆反心理。而与此同时，他们对小池现实情况的接纳和回应却远远不够，不断的惩罚和强制性措施，导致了小池与父母交流较少，关系疏离。

（二）重要成长期心理缺失

小池在童年以后就与爷爷、奶奶长期生活，父母在小池的成长过程中是缺失的。儿童心理学家鲍尔比说："错过孩子建立依恋对象期，如果推迟到2岁半以后，再好的母亲抚养都没有用了。"心理学家林文采也曾说过，正如身体的健康需要物质营养，孩子心灵的成长与心理力量的强大必须获取足够的心理营养。在成长的不同阶段，给足孩子恰当的心理营养，也就给了他们一生幸福的底层代码。这五大心理营养当中就包括"安全感"。长期缺少父母的关爱，导致小池性格孤僻叛逆，不愿沟通。青春期尝试的懵懂恋爱，被流言蜚语击碎，加重了小池对人的不信任。

（三）讨好型人格特点

在家庭氛围中，小池长期一味地讨好他人而忽视自己感受。从小被计划好的成长之路，抹杀了原本的兴趣爱好，情感长期得不到有效释放，这也是她出现抑郁情绪的原因所在。加之小池不太擅长与人沟通心中情感无法排解，使得自己的消极情绪越积越多，最终严重影响了日常生活和身体健康。

三、处理策略与过程

（一）循循善诱，善于倾听，筑建信任的基础

当天到达现场时，我先做好自己的心理建设，平稳心态后再进入现场与小池交流。和小池的交流不急于切入主题，通过以往的互动，我首先是引导其放下思想包袱，了解其内心所思所想，构建相互信任的基础。在了解小池的心结后，我作为学校心理中心咨询师兼辅导员，运用共情、倾听等方法与小池充分沟通，缓解小池与家长冲突的焦虑情绪，同时从保护小池生命安全的角度，与小池约定安全承诺。当天在现场，我发现小池非常喜欢弹钢琴，于是也邀请她弹奏一曲，达到了舒缓情绪的效果。小池也对我作为辅导员身份的介入不反感、不抵触，这为后续开展工作打下了基础。

（二）侧面了解情况，做到有的放矢

在小池安全回到住所后，我安排班长陪住，24 小时看护，直到小池家长到达，并再次联系其前任辅导员，进一步了解小池的心理与身体状况，了解导致其精神状态发生严重变化的诱因和经过，以便后续与家长沟通。

（三）保持沟通，做家长和学生情感交流的"桥梁纽带"

通过和学生家长保持沟通，我进一步了解小池精神状态发生变化的根源，和家长配合做好小池的心理疏导工作。在家长来学校后，我与家长进行了交流，并指导家长特别是母亲应该对小池以关怀关心为主，切勿指

责，以免激化她情绪而导致新的过激行为，并要求家长必须在校陪读，做好安全防护，同时建议及时带小池到医院进行心理诊断、治疗，在陪读期间有情况第一时间与辅导员联系，共同做好小池的心理防护工作。

（四）与心理医生建立联系，对学生进行专业的心理疏导

通过与医院专业医师沟通了解小池的发病诱因、严重程度和治疗方案，我与学校心理咨询室老师联系进行心理疏导，用更专业的方式来舒缓学生精神心理疾病。我再次建议家长到校以后，应带其到当地精神类医院诊断复查，后经当地专业类医院诊断小池为中度抑郁（复发）。心病还需心药医，解铃还须系铃人。小池的精神心理疾病，想从根本上得到缓解，并最终恢复正常生活状态，既需要心理疏导和药物治疗相结合，更需要小池能建立自信、自强，走出心理阴霾，走出心理困境，主动与人沟通，释放压抑情感。

四、结果与思考

危机处理后，在日常工作中，我多方面了解小池的学习生活情况，鼓励其通过变换喜欢的发型，穿喜欢的衣服，与其他同学一起购物、看电影来缓减精神压力，同时叮嘱与小池关系较好的同学在学习生活上多关照她。小池渐渐对我信任，并愿意与我交流。我和小池家长沟通，坦诚交流她的真实想法和精神状态，建议家长多鼓励少批评，应在一定程度上同意其喜欢的生活方式，她的父母也听从了建议。在家长陪读两个月后，小池的状态相对平稳，逐渐驱散了心理阴霾，克服了自卑、不自信的心理，开始尝试着做自己感兴趣的事情，也愿意信任他人，家庭矛盾得到了很大改善，精神状态也越来越好，逐渐步入正常的学习生活轨道。至此，危机解除。

随着大学生心理危机日益严重，各个高校均有意识地开展了形式多样

的心理危机教育，构建大学生心理危机干预系统和支持系统，完善大学生心理危机应急处理机制。本案例中，危机干预的成功得益于学校危机干预体系的启动，更得益于学校与家长的通力合作，密切配合，共同做好学生心理防护墙。

（一）保证学生安全是心理危机干预的第一要务

学生发生危机时，保证安全，做好监护，是心理危机干预当中最重要的工作。学校保卫处、学生室友是我们校内可靠的支持资源，同时校外公共警力资源也是我们可以依靠的力量，要调动校内外各项资源，保证学生的生命安全。在本案例当中，我们遵循"从楼上到楼下""一人到几人""清除伤害物""辅导员到家长"的安全原则，确保将危机学生对自我和他人的身心伤害降到最低。

（二）理解学生是心理危机干预的重要前提

学生发生危机，从某种意义上来讲，我们可以将"学生的危机行为和表现"理解为"婴儿的啼哭般求助"。在跟学生交流时，我们要从当事人的角度出发，确定和理解当事人本人所面临的问题，同时不断给予情感支持。在这个过程当中，要注意帮助学生树立一种求助意识——即老师是可靠的资源，使其了解到学校相关人员是完全能够信任的，是能给予其关心和帮助的人，这是进一步开展危机干预和帮扶工作的前提。

（三）学生家长是危机干预最核心的支持资源

研究表明，学生出现心理问题，有很大一部分与家庭背景有关。有些家长对学生现状"一问三不知"，甚至忽视学生已出现的问题。在本案例中，学生发生危机的心理诱因源于家庭沟通不畅，学生无法得到家庭的支持与理解，进而出现危机。辅导员在与家长沟通时，要建立起家长与学生沟通的良好平台，让家长理解学生现状，促进自我反省，从而改善家庭氛围，给予学生温暖。同时，辅导员也要积极给予家长支持，理解与接纳家长对学生担心的情绪，与家长建立帮扶学生的统一战线，共同做好学生心理帮扶工作。

（四）辅导员是危机干预中坚实的基础力量

辅导员是大学生健康成长的指导者和领路人。辅导员对学生的基本情况比较了解，有相对便利的条件发现并解决学生心理问题，自然而然地成为大学生心理健康教育的重要环节。辅导员需要不断学习心理学知识，掌握心理辅导的基本方法和技巧，及时全面把握学生心理健康状况与动态。在本案例中，辅导员了解学生的基本情况是处理学生危机的重要前提。本案例的成功，得益于辅导员在平时工作当中有意识地建设心理健康排查体系，多途径了解学生的学习、生活、思想以及心理健康状况，在危机发生时，充分发挥班级干部、党员的骨干作用。做到及时发现问题，尽力缓解或解决问题。

案例5 大四的事情怎么这么多？

导语： 大四时，学生面临着学业、就业、人际情感等多重压力，可能在某一瞬间就会崩溃。有学生开玩笑说，大四是大学中最难熬的阶段。辅导员应当引导学生直面压力和挑战，并将之作为成长的催化剂，帮助学生顺利度过这个阶段，使之成为学生成长和收获的季节。

一、基本情况

小白，女，本地学生，该生给我的第一印象是性格内向，沉默寡言。通过向小白的上一任辅导员、班委干部了解，我发现她学习很努力，高中时成绩很好，因为高考发挥失常而升入我校；小白的家庭经济条件比较困难，平时开销很少，穿着打扮非常朴素；喜欢独来独往，跟同学交流较少，只与大一时的室友关系较好。我从小白的上任一辅导员处得知，小白因为高考失利想要考研进入理想大学，存在学习上的压力；由于家庭经济原因，比较自卑，所以性格内向；很想同大家融入一起，但不知如何同别人相处，除此之外，小白的心理上不存在太大的问题。小白在大二大三时非常积极地参加舍长和班委干部的竞选，并顺利地成为宿舍的舍长，一切都很顺利；期间也谈了一段异地恋情，但情感不是特别稳定，时常闹分手；大三下学期与三位有考研意愿的同学一起组建起了一个新的"考研小分队"。

大四开学后不久，学校对新学年学生进行心理普测。小白的心理预测等级为 III 类，即可能存在严重心理问题，属于高危人群，需要辅导员的高度关注以及学校心理辅导老师的持续干预。根据测试结果，我找个机会与小白进行了沟通，她的自我防御较深。她自述在心理测试时较为随意，因为在积极准备考研，因此做题不认真。我只能与她探讨考研，建立好沟通关系，同时让其室友（也是该班班长）帮忙多关注。在开学一个月后，班长向我报告其有异常情况：小白因为在寝室与男友打电话而与室友产生了矛盾。第二天，我准备找小白进一步了解情况时，小白哭着主动来找我，说不想在宿舍住了，也不想考研了。关于打电话的事小白承认是自己的错，但是同宿舍同学闹了矛盾，她觉得同学们孤立她，内心非常落寞，却又不知道如何处理，再加上沉重的复习压力，一度精神崩溃，整日默默哭泣，男友因为在异地也无法及时给予帮助。后来，我在与小白的交流中进一步了解了具体情况。小白来自农村家庭，一家四口，有个妹妹正在读高二，家庭的主要经济来源就是父母务农以及零工收入，经济不宽裕，所以小白一直特别节俭。家庭经济困难是次要，主要是小白的父母经常吵架，母亲很强势，对小白及妹妹的要求极高，一直想着控制小白，存在很严重的语言家暴行为，经常对小白说"你怎么这么没用"之类的话语。强势的母亲让小白缺乏安全感，想着逃离家庭。同期，男友也在面临考研压力，双方情感也出现一点小波动，使得小白的情绪更加不稳定，与父母关系越来越僵硬，沉默寡言，情绪得不到宣泄，经常郁郁寡欢，学习效率也受到了影响。

二、案例分析

大四，学生面临考研就业等多方面压力，心理较为敏感，是出现心理问题的高峰期。在备考初期，学生的考研复习压力和不和谐的人际关系，都让小白心力交瘁。紧张的宿舍人际关系给小白造成了极大的困扰，从而引发了系列不良情绪，如果不能及时处理，会直接影响小白的学业，加重小白的心理问题。考研期间压力大，如果宿舍关系不好，也会影响其他同学的心情，徒增每个人的压力。

另外，原生家庭的影响，让小白形成了过于内向敏感的性格，出现了自卑、缺乏安全感等心理问题，在人际交往方面存在障碍。

三、处理策略与过程

作为小白的辅导员，我持续性地开展了系列工作，以尽可能地帮助小白尽快走出困境。

（一）借力校内心理资源，排查危机风险

根据学校心理中心的要求，我针对小白的心理问题做了后续心理帮扶工作。为小白科普了"心理咨询为什么有效"等心理学知识，以打消小白内心疑虑，激发其内在的求助动机；适当地为小白提供学校心理资源，安排小白到学校心理中心进行压力缓解与考研指导，并加强与学校心理中心的联系与沟通；经过专业心理咨询师的评估与诊断，排查了作为心理普测高危人群的小白的危机风险性。

（二）谈心谈话，有的放矢解决当前矛盾

了解到小白的困惑后，我特意找了一个安静的环境，稳定她的情绪，推心置腹地同小白进行了一场深层的谈心谈话。在我的细心引导下，小白敞开心扉，讲述了她的家庭和经历。耐心听完小白的陈述，我明白她的心理问题不可能马上得到解决，尤其是原生家庭问题，于是我建议通过学校的心理咨询进行持续性地解决，小白表示同意，并当面预约了学校的心理咨询。根据小白的反馈，当务之急是解决她同舍友之间的矛盾。我安慰小白，此类宿舍矛盾是很常见的，不要有太大的心理压力；自己解决不了的时候，向老师求助是一个很好的方法；原生家庭问题不是她的原因，更不

是她的错，现在身在学校，一时解决不了家里的事，就先暂时放下，慢慢想办法解决。在我的开导下，小白紧张的状态舒缓了很多，也愿意尝试我教给她的方法，通过宿舍内部会议等方式，开诚布公地同舍友沟通交流。我告诉小白，特别在舍友关系中，要摆正自己的位置，要学会换位思考，做自己的事，要以不打扰他人为准则，管理好自己；如果心情压抑，可以和室友们说说话、谈谈心，不要陷入极端情绪里。

（三）自我暴露，正确处理情感问题

在多次交流中，我发现小白近期与男友打电话情绪失控的原因在于未能很好地处理情感问题。小白与男友是异地恋，情感不太稳定，时常会出现"闹分手"的情况。小白总想着让对方时时刻刻地关注自己。如果对方做不到，小白就会特别紧张，想通过各种方法来确认男友还是爱着自己的，深怕自己被抛弃。当男友表现出一点点的抛弃的意图时，小白试图通过用"纠缠""威胁"的手段来挽回情感。男友曾经不堪骚扰，甚至通过报警的方式来与之划清界限，小白对于情感的痛苦情绪总是觉得无法排解，对于男友想要分手的事实无法接受。在交谈过程当中，我引导让其意识到"现在爱的不是他，是那段回忆""情感失去之后会有一定的痛苦期，这是不可避免的"，让其意识到目前的状态是非常正常的，并让其接受目前的状态；用角色互换的方式，让其意识到自己所做的一些行为，给他人造成了很多的影响；以自己的成长经历与她进行分享，让其意识到情感之后会有一定的成长。为了让小白更好地应对情感问题，我也建议小白去阅读《爱的五种语言》等书籍，增加爱人的能力。

（四）持续跟踪，多维固化督促学习

首先，持续性地经常深入宿舍，随时关注小白宿舍的动态。其次，与论文指导老师合作，借助专业老师一对一学术帮扶，与她谈心谈话，不断鼓励她努力学习，希望她通过学习改变自己的命运。最后，我也鼓励小白积极参与大四为数不多的班级活动，并对她取得的成绩表示肯定，促进她融入班集体。

（五）家校联动，重塑心灵港湾

小白的心理问题根源来自于家庭，要想帮助她彻底根除，我们还需要从家庭入手，需要加强与学生家长的沟通。小白的母亲特别强势，有时候不太能理解小白的内心，她可能没法一下子就达到转变的效果，但是只要有一点点松动，对小白来说就是特别大的温暖。而作为家长之一的父亲，非常疼爱小白且明事理，因此我更多的时候从小白的父亲入手，经常通过打电话、发微信等方式与他侧面沟通，告知小白的在校表现、取得的成绩、遇到的问题等，建议他配合学校，共同给予小白更多的关爱和支持，帮她重塑健康向上的人生。

四、效果与启示

经过长期的心理教育工作，小白的情绪比较稳定，与舍友之间和平相处，虽然她还是习惯于独来独往，但是回到宿舍后，会积极主动地同舍友们交流，再也没有闹过大的矛盾，最终也顺利参加了考研考试。有一次单独交流时，她给我反馈说大四第一学期真的太不容易了，还好有老师和同学们的帮助，同时也很高兴家长也变了很多。此时，她脸上的笑容无法灿烂。

启示：大四是大学生最重要的一个学年。由于社会、家庭及个人等多方面因素，大学生的心理问题在这个特殊时期最容易爆发。作为毕业班的辅导员，我们更多是为毕业生提供就业帮助和心理支持，帮助毕业生从大学生转换为职场人，并在未来的生活生存中更加注重培养自己的心理素质和抗压能力。提升自我认知和心理抗压能力是毕业班辅导员的必修课。

案例6 要延期毕业了，怎么办？

导语： 部分学生因为各种原因造成学业困难，不能按时完成学业，从而导致延期毕业。此时，他们对自己的学业问题充满迷茫和无助。帮助这些特殊学生走出阴影，有效地疏导他们的心理困境，改变他们的人生态度，最后顺利毕业，是思政工作者的重要职责。

一、基本情况

小石，家住西北某省，农村人，父母亲都是农民，上面还有一个姐姐，家里经济条件不太好，每年都评了贫困生。在校期间，经常宅在寝室，旷课较多，跟同学交流较少，曾经跟室友起冲突，发生过肢体攻击行为和偷偷录音，并以此为条件要求室友搬离寝室。总体而言，小石对待新鲜事物没有激情，对个人未来发展没有规划，学习不积极不主动，对学习课程漠不关心，丧失了前进的动力，对任何事物都提不起兴趣。学业和考试对他来说成了无所谓的事，唯一感觉兴趣的只有网络游戏，这也导致本就基础较差的他完全不能投入学习，只能在游戏中麻痹自己，每天都在不安和自责中度过。虽然辅导员和家长一次次对其进行劝说，但他还是无法从游戏中抽身出来。因目前还有5门挂科，其中有2门该生感觉学习起来非常困难，自认为怎么都学不会，心理压力巨大。直到面对延期毕业的现实时，他才意识到自己的问题的严重性，他主动找到辅导员寻求帮助，希望自己能够早日毕业。小石当时情绪非常激动，一再要求学院帮助其顺利通过考试，如果不能保证他通过考试拿到毕业证学位证，就要实施极端行为，说话时情绪激动，低着头不看人，并且身体颤抖，两只手相互扭扯、颤抖。在现场，学生为表达自己的要求，现场拿出美工刀割手指，用血来写请愿书。辅导员现场夺走刀，并进行了应急包扎。

二、案例分析

这是一起典型的由学业困难引发的现实危机，学生以一种不成熟的方式表达自我需求。小石出现这种冲动情况的原因有以下几点：

（一）信心缺失

小石经历大学四年不断挂科—重修—挂科的学习过程，在学习方面的自信心非常低，不相信自己能够完成学业，因此想通过极端方式来突破学校规则达到自己的目的。

（二）心理压力大

小石在毕业季时看到身边同学都有美好的前途，而自己只能拿到结业证，心心念念的"西部计划"也可能因为结业问题而受到影响，从而产生懊悔和自我否定。家长和一些社会关系对于学生的不理解和不支持也是学生心理压力的来源。此外，小石面临的学业压力以及再毕业的压力，导致自己始终处在精神压力极大的状态下，这也会导致其心理状态不佳从而产生冲动行为。

三、处理策略与过程

（一）保护安全，锚定学生安全意识

辅导员在看到学生刀割手指的时候，第一时间夺走危险物品；同时，以温柔而又坚定的语气再三强调安全问题是不能开玩笑，生命不能重来。

（二）发现学生亮点，增强其自信心

辅导员要善于发现每一个学生的优点和亮点，放大他们的优点和亮点，对他们的不足要弱化，并把这种亮点传递给困境学生，鼓励他们，增强其自信心。在日常的观察和现场交流当中，辅导员发现小石情绪激动的最大反应点在于家庭。小石非常体谅自己的父母，想早点就业为家人减轻经济负担。这次期末考试可能会让他拿不到学位证，从而失去"西部计划"的机会，这也让他对现实感到失望。辅导员肯定了他的孝心，站在学生角度理解他目前的状态，鼓励他放松紧张心态，释放压力。同时作为教师，辅导员自然是希望学生都可以按期毕业，也可以理解学生在不得不面对延期毕业时的心情低落甚至不知所措，希望他们在面对现实低于心理预期的状况时，可以接受现实、敢于承担并调整好自己的心态。延期毕业，延期的只是一段时间，而不是对整个未来的否定，人生从来都不是单维度的赛道，凡事都要脚踏实地去做，不驰于空想，不骛于虚声。无论是求学还是做事，都要向"人"字一样，永远向上，永远脚踏实地。

（三）积极视角，导向未来

辅导员重点关注小石的未来发展目标，引导他思考："如果能够毕业了，你希望自己的生活是什么样的？在新的工作岗位上，你对自己有什么样的畅想？如果毕业后有机会返校，你会不会回来看看自己曾经努力过的

地方?"辅导员通过对未来生活的设想,帮助学生建立当下生活的内动力,促使他积极主动地改变目前的困境。

(四)上报学院,多方帮扶

了解学生实际诉求和目前的现实情况后,辅导员指导该生跟任课老师进行沟通,向老师请教课程重点难点。同时辅导员联系课程成绩优秀的学生对该生进行一对一帮扶,鼓励学生多方面搜集复习资料,好好复习。最后联系同寝室同学对该生的言行举止保持关注,有异常立即报告。

(五)家校合作,共促发展

对于可能延期毕业学生,家庭的关心和帮助是非常重要的,家长要配合学校一起督促他们完成学业。父母不能一味地指责学生,要体谅学生;也要看到学生现在可能面临的危机。作为父母,其应该对孩子的性格和心理状况非常熟悉,要意识到孩子不能按时毕业的严重性,找出孩子心理困境的根源,关爱、鼓励、督促孩子及时完成学业。家校共同努力,为心理困境学生创造条件,帮助他们重拾信心,建立积极应对困难与挑战的意志,让他们顺利完成学业,走向社会,走好人生路。

四、结果与反思

经过多方努力,小石最终通过了期末考试,顺利地拿到了学位证毕业证。现在他已到了基层岗位,为自己的事业努力奋斗。

启示:每一位教师都希望学生可以按期毕业,也理解学生在不得不面对延期毕业时的心情低落甚至不知所措。延期毕业学生往往是属于在学习态度上或多或少存在问题、或是受其他条件因素影响较大的学生。面对延期毕业学生,辅导员要寻求家长的支持和帮助,定期和家长进行沟通,了解学生情况，尽量减轻延期毕业学生的心理负担。另外，这部分学生在备考、毕设之余还要应对来自家庭的怀疑和经济压力，可能会随时崩溃。辅导员作为是少数能在学校给予学生帮助的人之一，要促进学生家长对学生目前状态的理解。

第二篇

学业压力篇

案例 7　走出网络的迷雾

导语： 21 世纪是一个网络时代，大学生群体是参与网络生活的主体力量，但是极易被纷繁复杂的网络世界所左右。如若缺乏有针对性的教育引导，大学生群体中会出现一种比较常见的心理问题——网络成瘾，这会给大学生的学习、发展带来非常严重的影响。

一、基本情况

一天，辅导员在日常查课中发现小黄没有上课，询问纪律委员发现小黄已多次出现逃课、迟到早退的情况。而我也在教务秘书的帮助下，拿到了小黄的期末考试的成绩单，让我非常震惊的是其成绩单上竟有 7 门课程需要重修或补考。小黄人高大帅气，为人活泼又善于与人打交道，在大二时就担任班长。在他当班长期间，我与他打交道较多。他给我的第一印象是说话随和，有礼貌，有才华。小黄担任班长期间对工作比较负责，认真处理班级的各种事务，忙而不乱，从其表现上来看，个人能力非常强。那时候的他是一个热情、积极、阳光的大男孩。后来他大三上学期在班干部换届中落选后，除了在参加一些学生活动的时候偶尔能见上一面外，与他见面的机会就不多了。而他也非常回避与我的交流，尽可能地不出现在我的办公室，我们的交集就变少了。让我怎么也想不到的是，卸任班长以后的他会迟到、早退并多次缺课，更让我惊讶的是这份有 7 门课程需要重修或补考的成绩单竟会是他的。在对他关心的同时，我也在想他未来怎么办。现在小黄的情形是，前面不及格的科目补考了仍然不及格，同时新的不及格科目还在不断出现。此时已经是大三下学期，这么多科目不及格，连安排补考都有些来不及，我很担心这个学生毕不了业。一个入学时很优秀的孩子，怎么会走到今天这个地步呢？那天查课完了以后，我带着疑问和惋惜走访了小黄所在的宿舍，了解了他入学后的心路历程，看能不能对他有所帮助。

那天在寝室里看到他时，他头发凌乱，表情木讷，目光呆滞无神地玩着游戏，在看到我进入寝室时赶紧一边收拾寝室卫生，一边关电脑，表现出基本的礼貌。在落座后，我让他先打完这一局游戏，然后再安心交流。10分钟后，我们寝室里开始了交流，在交流当中我得知小黄所在的宿舍以及班级男生都喜欢玩网络游戏，小黄最开始不怎么玩，但是学业压力还有各种其他压力交汇在一起的时候，玩一把游戏真的特别爽。后面他就慢慢喜欢上了游戏放松。最开始他是在宿舍玩，后来觉得不过瘾，就到学校旁边的网吧玩。有时候周末不回家他就到网吧通宵达旦地玩，对班级事务也不再上心，结果后面班委改选时，他落选了。落选班委，这是让他觉得非常耻辱，也感觉平时为了班级付出了很多，但大家都不领情，感觉有点寒心，不再与班级同学们交流，而是一猛子扎进了游戏当中。在此之后，小黄就愈发频繁地去网吧通宵玩游戏，到现在他已沉迷于网络游戏不能自拔。由于通宵玩游戏，白天自然没精神，起不来，所以他时常旷课，学习成绩直线下降。开始时舍友还提醒他，让他别老通宵打游戏影响学习，但他不以为然，哈哈一乐，认为上大学就是应该自由一点，应该先享受当下的快乐，之后大家知道说也没用，还伤和气，也就由他去了。

小黄的父亲是民警，母亲是小学老师，从小对他管教很严，望子成龙。听宿舍的同学讲，小黄的父亲说话很急，宿舍人多次听到父亲在电话上训斥小黄，小黄非常害怕父亲。母亲也曾经到宿舍关心小黄的生活学习，督促小黄好好学习，小黄也尝试着自己改变，但坚持不到2周。最终小黄仍然难以做出改变，难以抵挡住游戏的诱惑。

二、案例分析

（一）现实因素

学生外部环境变化了，高考前学习压力大，家长和教师从各个方面严格管束，学生想玩游戏但没机会；进入大学后，当他们一下子摆脱了高考的压力，拥有很多时间可以自由支配时，那些之前被过度压抑的爱玩的天性就会释放出来。在这种情况下，如果学生自制力不强或者生活目标不明确，就很可能会出现各种问题，如沉迷网络游戏。像小黄这种自制力较差的学生，就是其中的典型。

（二）家庭原因

父亲的培养方式较为粗暴，动辄打骂，对学生的内心造成了伤害，过高的家庭期望也让学生倍感压力，不和的家庭也缺少了家庭疗愈力。家庭有时候也是将学生推向网络世界的一大帮手。

（三）个性原因

学生未能顺利地化解自己面对挫折时的消极情绪，多采用回避现实的方式来应对内在焦虑。当碰到现实挫折时，其以在网络游戏当中的替代性补偿方式来弥补自己，在网络世界中寻找寄托。

三、处理策略与过程

情况都摸清了，原因找到了，问题才能得到合理解决。

（一）强化学生内在动力

首先，要肯定小黄的不放弃。虽然小黄现在是网络成瘾的状态，但从过往的经历当中我还是发现小黄并没有完全放弃自己，他也对自己的行为不满意，曾经多次试图改变，但因为缺少毅力而失败，这说明小黄本身有想改变的内在需求和愿望，这是内在动力也是解决问题的关键。因此我多次跟小黄从家庭和学校的期望及个人前途的角度做了分析，肯定了他想要改变的积极态度，强调不放弃是对的。同时，我也从现实角度指出了他的不足和当下面临的困难，如到现在距离毕业还有不到一年的时间，在这么短的时间里戒掉网瘾并重修、补考7门课程的确不易。引导小黄自己制订一个时间规划，分析了课程之间的关系，如哪些课程可以用其他学分替代，哪些课程要重点花费精力，并督促他合理地安排时间，根据学校补考的日程做出细致的备考计划。

（二）赋能学生学习能力

我引导小黄回忆上学以来的成功经验，越多越好，哪怕是很小的一次成功，以进一步唤起他对成功情绪的积极体验。小黄表示现在回忆起来还是比较认可高中的学习状态，虽然学习艰苦，但是能够坚持上课复习，每天过得很充实也很有成就感。我顺着小黄的思路，进一步肯定、启发和帮助他挖掘自身的优点，激励他争取更大的进步。

（三）联动家长互相督促

从之前的交流我知道小黄的家长对孩子很上心，只是小黄的父母用错了方式来督促，因此又主动联系了小黄的家长，希望能够取得家庭的配合与支持，从而对小黄的转变产生更大帮助。交流当中，我首先肯定了父母对孩子的严格管束，但也指出了他们在教育中的不足，如严厉的批评太多而温暖的鼓励和帮助太少。因此，我希望家长能给予孩子更多的鼓励和肯定，以帮助他重新找回自信，获得克服困难的勇气。小黄的家长态度很好，表示一定会努力配合学校用心帮助孩子。交流后，学院与小黄的家长建立了十分密切的联系。小黄的家长为了让孩子远离网络，在小黄补考的那段日子，只要学校没课，每天都接孩子回家复习。父母陪伴孩子的时间增加了，孩子开始愿意把遇到的困难跟父母沟通，寻求父母的支持和帮助，从而避免了孩子因为缺乏自觉性，缺乏与身边的人进行情感交流而再次沉溺网络的情况发生。

（四）同学一对一帮扶

在征得小黄以及寝室同学的同意，双方仪式性地签订一对一帮扶契约书，建立一对一帮扶关系，每天一块去上课，并监督他打游戏的时间不能过长。

四、结果与启示

在家长、同学与辅导员的通力合作下，特别是在小黄自身的努力下，毕业前小黄所有课程都补考合格，顺利地拿到了毕业证和学位证，并通过校招签订了一份不错的就业协议。从沉迷于网络游戏不能自拔，到决心改变、发愤学习，并在大学生涯最后一年完成7门课程的重修、补考，我相信小黄肯定遇到了很多困难也付出了很多。在小黄戒除网瘾的过程中，家长的配合、辅导员的开导和同学的鼓励固然都很重要，但最重要的还是他自身的努力。没有任何一个人可以强迫一头牛去喝水，一个事物如果内部不具有发生变化的条件，一个人如果内心没有想要改变的意愿和勇气，外界给予再多的帮助都是徒劳的。只有探寻内在的变化，推动和促成内部发生改变，才能得到理想的结果。因此，想要戒除网瘾，只靠外界的力量是不够的，彻底戒除网瘾，最终依靠的还是自己，依靠的是内心的力量。

启示：很多人错误地认为网络成瘾是当事人喜欢网络，是当事人不争气。其实网络成瘾更多时候是因为个人在现实生活中受挫，缺乏价值感和成就感，从而躲到网络世界寻求安排。因此，在现实的学生工作当中，辅导员要尝试去理解他们，给他们创造一个宽松的现实环境，帮助他们解决现实问题，进而在现实中找回成就感和价值感，到那时网络成瘾问题就迎刃而解了。具体而言，辅导员应以尊重、接纳的态度对待问题学生，注意批评、教育的方式，引导和激发其戒瘾的内在动机；营造有利于戒瘾的环境，如舍友的支持、适当的社会工作安排、家庭的配合等；对学生给予持续关注和支持。

案例 8 一想到考试，我就睡不着

导语：学习压力太大可能引发学生考试焦虑，事实证明很多大学生的极端行为例如退学或者自杀等，往往都与学业压力密切相关。辅导员在学业辅导时，应重在激发学生内在动机，并为学生适度减压。

一、基本情况

学生小 A，女，大二学生。该生来自贵州某县城，是单亲家庭，父亲在她很小的时候去世了，母亲在外打工挣钱，家有小 6 岁的弟弟正在读高中，家庭经济较困难；学生本人自尊心很强，要求上进，在高考前成绩一直不错，母亲对她也希望较高，希望她能够读了好大学之后找一份好的工作，出人头地；自考入大学后，她一直严格要求自己，保持良好的学习态势，大一两学期平均绩点处于中上水平，并获得了奖学金。母亲对此感到非常满意，在家族群中一直夸奖她，平时对她的关爱也很多。但大二上学期开始，因为大二专业分流后，随着专业课程越来越多、课程难度加深、学习节奏加快，小 A 的学习成绩直线下滑，她对学业的兴趣也直线下降。由于小 A 大二上学期有两门专业课挂科，得奖学金希望渺茫。学校组织的年度心理测试，排查结果显示小 A 为 A 类重点关注学生，心理承受能力差，易焦虑。因此我在补考前找小 A 进行面谈，见面后询问了她近期复习的情况，睡眠质量等。刚开始，小 A 存有戒心，低着头不说话，经过慢慢开导，她渐渐放下戒备，跟我说上学期开始，她越来越烦躁不安、心慌意乱，无法集中注意力学习，夜里还失眠。她感到很苦恼，在考试的时候，就很担心自己挂科，也担心如果自己考试挂科了之后母亲会知道，所以她常常做噩梦，甚至会整夜失眠。由于她心理承受能力较差以及家庭压力，她考试时会非常焦虑，经常到凌晨才入眠，无法安心复习，无法安心考试，思想不集中，伴有轻微心绞痛的症状。有时候考前她走到教室里面都会心跳加速，只想逃离不想进去。她自己也觉得这样下去，她可能会考试考不过，也会受到学业预警，甚至面临退学的危险。一旦她被迫退学，母亲与弟弟就会失望，一些负面的念头总在她的脑海中不断出现。因此，小A渐渐失去了学习的热情，开始产生了焦虑情绪，而不良情绪又使她更难静下心来学习，因而形成了恶性循环，焦虑的情绪在这样的恶性循环中愈演愈烈，最后演变成了较为严重的焦虑倾向。

二、案例分析

此案例反映的是学生因家庭经济条件和自我认知偏差而产生的考试心理焦虑问题。

（一）自身因素

该生之所以出现考前心理焦虑情况，从学生自身来看，主要由于：

（1）该生自尊心强，自我期望值很高，将学习动机扩大化。根据耶克斯-多德森定律，中等强度的动机最有利于任务的完成。一旦动机强度超过了某个水平，对行为反而会产生一定的阻碍作用。如学习的动机太强、急于求成，会产生焦虑和紧张，干扰记忆和思维活动的顺利进行，使学习效率降低。考试中的"怯场"现象主要由动机过强造成的。

（2）该生没有掌握合理的学习方法，不会制订合理的复习计划。小A仍然沿用高中复习办法，该办法已无法适用大学期间的学习，将复习只放在期末，临时抱佛脚无法取得好结果。

（3）该生自我认知存在偏差，缺乏自信。该生虽然在高中时处于较优秀水平，而到了大学，其看到其他同学更加优秀，比如一些同学轻轻松松就取得好的成绩，感叹厉害的人太多了。因此她常感到比不过其他学生，看到别的学生轻轻松松就能考高分，心理落差很大。

（二）客观因素

（1）家庭原因。家庭的成长环境，激发了其强烈的自尊心。小A从小给自己施加的压力可能超过同龄人。她非常渴望得到家人的重视和关爱，加之该生的家庭经济较困难，又是单亲家庭，以前学习成绩很不错，家里人一直都以她为傲，所以她想要通过成绩证明自己好学生的形象，可是到大学在有点力不从心，但又害怕妈妈担心，不愿意与家里人沟通，导致她这种长期的心理压力无从释放。

（2）学校管理方面。学校规定学生在一学期内只要有一门挂科就取消任何评奖评优的资格，这对经济贫困的学生产生了很大的心理压力。

三、处理策略与过程

（一）建立信任关系

在敏感的小A面前，辅导员不能简单地只作批评，更需要进行一对一、朋友式交流，这样一方面才能使小A倾诉心中的感受，有助于她舒缓心中的压力，降低自身的焦虑；另一方面，也能使我了解小A面临的处境和她心中的问题所在。在建立信任关系的同时，辅导员也需要积极为学生赋能，挖掘学生身上的闪光点。比如小A自尊心强，要求上进，又很孝顺，想要通过自己的努力拿奖学金为家里减轻经济负担。这种积极上进的精神，作为辅导老师，我再三地给予肯定和欣赏，给予小A内在力量。

（二）调整期望目标

从现实角度与小 A 共同分析目前的学习状况，适当地帮助她调整预期，比如每一科都需要考 100 分的预期修改成 95 分或是 85 分等，具体而言，辅导员与小 A 商量减轻压力又能获得学分的办法。最终小 A 接受了适当分配精力，对擅长的科目要求考高分，也允许降低不擅长科目的分数标准。

（三）缓解心理压力

焦虑一直存在，这是一个客观现实。要缓解小 A 心理压力，第一，科普耶克斯-多德森定律等心理学知识，让小 A 明白适当的焦虑有助于学习，但过高的学习动机会引发负作用。通过科普，让小 A 进一步清晰自己的心理压力来源。第二，正常化考前焦虑。临近高考或中考等大型考试，压力感增加、产生焦虑情绪是人们在面对重大事件时的正常反应。接纳压力和烦躁情绪，给情绪一个空间，可以让情绪得到一定的疏导，同时，运用一些放松方法，可以很好地调整烦躁情绪，收获积极平静的心理状态。第三，提供减压资源。针对小 A 的焦虑情况，为了让小 A 更好地掌握考前减压的有效方法，向其推荐了"正念减压"与"冥想放松"视频，涵盖大脑训练、身体扫描、自我关怀、睡眠放松、视觉想象五个主题的冥想练习，满足小 A 的放松需求，邀请小 A 焦虑时一起来一场心灵之旅，拾起一份宁静，踏实前行，积极备考。第四，制订合理的考前复习计划。合理复习目标的制定能够帮助小 A 有计划地进行考前准备，有效缓解压力和紧张感。

（四）家校联动，通力合作

通过全面掌握学生情况，辅导员及时向学院领导和学校心理中心汇报此事，学院领导高度重视，持续关注学生情况。经过多方做学生的思想工作，终于征得同意并将小 A 的心理情况告知学生家长。家长感谢学校老师们对女儿的照顾和关心，表示会经常联系女儿，给予她更多关爱和关注。

四、结果与反思

通过一段时间的辅导和帮扶，在多方协助下，小 A 的情绪逐渐趋于平稳，焦虑情绪明显降低，最终克服了考前焦虑，积极复习并通过了补考。目前正准备考取本校研究生。

启示：考前焦虑是学生必然出现的问题，辅导员需要在日常生活中，耐心沟通做好学生工作，正常化考前焦虑，相信学生本人的力量。同时要学会赏识学生，敢于向他们压担子，以协助他们重建自信心，获得成就感。

案例 9 当"双困生"撞上"学业难"

导语： "双困生"是指有经济困难和心理问题的学生。部分贫困学生由于家庭因素产生自卑，导致了焦虑、迷茫、自我封闭等一系列的心理问题，成为在经济、心理上面临困境的"双困生"。为了进一步助力每一个学生成长成才，辅导员需要重点关注"双困生"的学业问题。

一、基本情况

小罗，男，大二学生，甘肃省人，少数民族，属于国家建档立卡家庭经济困难学生，按规定学校已给予国家一等助学金资助，其父亲常年在家附近打工，母亲无经济来源，家中还有常年生病的爷爷，家有一姐姐也在读大学，目前已积极入党。父亲是家庭经济唯一来源，且收入极其不稳定，这给小罗带来了较大的经济压力。加上爷爷病情时好时坏，小罗经常心神不宁，心里有话也无人倾诉，心理上承担着巨大的压力。每次向家里人要生活费时，父亲都是给 200 块，有时候还不回复，导致小罗在校生活费严重不足，常以泡面果腹。大二上学期期末成绩出来后，成绩单上显示小罗已挂科 7 门，如线性代数等数学类的科目全军覆没。辅导员在走访寝室时与小罗聊天，专门提及学业问题。小罗眼中闪过一丝悲伤。鉴于寝室环境人员多，因此辅导员专门邀请其在办公室交流。在办公室里小罗告诉辅导员，进入大学以后，自己觉得家里经济条件差，觉得低人一等，不敢和同学说起家中情况，心里苦闷无人诉说。在寝室聚餐时也经常以各种理由不去参加，感觉也很对不起室友的。学业成绩出来以后，自己也对学习上特别焦虑，感觉对不起家里人的付出。除此之外，在上大学的姐姐跟自己相比简直是一个在天上，一个在地下。姐姐非常优秀，能生活自理，而自己把生活与学习搞得一团糟。最近经常失眠、没有食欲、对未来充满恐惧。辅导员对学生进行安慰，事后，辅导员联系小罗父亲告知其近况，找小罗室友进行谈话，了解到小罗曾经有割腕自杀的想法。辅导员立即通过心理绿色通道帮该生预约专业心理医生，经诊断小罗为抑郁症，医生采取了心理疏导。于是，辅导员决定把小罗作为重点心理健康观察对象，定期与小罗聊天，与家长沟通，向领导汇报。

二、案例分析

这起学生案例是一起典型的"双困生"学业难问题。随着专业课程越来越多，学业压力越来不断增大，双困生可能会因为学业困难而产生心理问题。

（一）受当地教育水平影响学生学业基础差

小罗的生长环境，决定了他无法获得良好的认知环境与教学条件，自然导致知识基础的薄弱。进入大学之后，小罗就无法跟上课堂教学的教学节奏，不能保质保量地全部理解教师授课的内容，因而成为课堂教学的"落伍者"。小罗的家长受限于自身条件，也难以及时帮助他解决学困问题，从而其学习质量不佳。而小罗只具有薄弱的知识基础与狭窄的文化视野，和同学、家人交流较少。

（二）受家庭因素影响而滋生的自卑心理

小罗在入学前，长期生活在贫困、单一的环境中。入学之初，全新的生活环境、城市发达的经济、全国各地的新同学等，与他之前的生活截然不同，因此他产生了自卑心理。小罗不仅在学业上，其在各个方面都存在畏难情绪，不够自信，不敢主动展现自己，采用鸵鸟式的躲避的方式来应对。在自卑、畏难心理的影响下，他竭尽全力地努力却不如其他同学，这进一步加重了他的心理问题，从而严重地影响了他的能力发挥。

（三）经济压力稀释了学习精力

小罗是国家建档立卡家庭经济困难学生，其学费和生活费是靠父亲从事体力劳动换来的血汗钱，因此小罗想尽早经济独立，自入校以后经常外出做兼职，大量时间被占用而导致学业受影响。

（四）个人成长期望值过高

小罗缺乏正确的自我认知，经常以他人为坐标，没有清晰明确的学习与职业生涯规划，对专业认可度不高，专业知识学习不牢固。小罗想通过学习好或是经济独立来证明自己的个人成长，因此产生了一系列的心理障碍。

三、处理策略与过程

（一）开展精准扶困，解决实际诉求

我在了解到该生的情况后，第一时间与学院、学校汇报，帮助小罗申请临时困难补贴，解决燃眉之急，顺利度过目前的经济难关。然后，向学生详细讲解国家对于经济困难学生的资助政策，例如国家励志奖学金、助学金等的标准及要求，根据学生目前的学业成绩及排名，定制学业目标，制订学习计划，鼓励小罗通过奖助学金，进一步改善生活压力。最后，秉持"授人以鱼不如授人以渔"的原则，给学生介绍勤工助学岗，同时，与学院合作企业联动，为小罗提供实习岗位。小罗利用课余时间，运用自己的专业课知识，在企业实习，不仅提高了实践能力，还可以利用自己的劳

动获取报酬，补贴生活，减轻经济压力。这个扶贫"三连招"，给小罗提供"定心丸"，从根源上改善小罗的经济困难，帮助他继续完成学业。

（二）做好心理疏导，重塑心理能量

疏导"双困生"的心理问题和心理障碍是重中之重。辅导员应为该生建立心理一级库，时刻与该生保持联系。小罗心理问题的根本原因在于自卑、抑郁，因此老师要鼓励他、安慰他并帮助他重拾信心；关心小罗目前的饮食、睡眠、学习、情绪等情况以及家里近况，用真诚让小罗体验到被关爱，用爱温暖学生的心灵。元旦节等重要时间节点，辅导员可为小罗送上慰问品，加强人文关怀，让她时刻感受到学校的关心；肯定小罗入校以来想为家庭努力的前进动力，正向积极强化他的能力，进一步帮助他重塑心理能量；同时，陪同小罗去校心理咨询室做心理疏导。

（三）家校联动，做好学生家长传话筒

想彻底帮助"双困生"走出自卑、构建合理的学习期望值，离不开家长的配合。只有家人理解子女，去了解孩子真正的内心世界，而不是一味督促学习，才能帮助其打破心理障碍，尽早成长成才。辅导员应建立良好的家校互动模式，主动与家长联系，告知其孩子的心理状态及学习压力。辅导员需要引导家长正确看待孩子的学习，并重视孩子的内心世界，明白学习成绩不是衡量学生是否成才的唯一标准。与小罗的家人沟通后，该生父亲很配合辅导员的安排，通过与小罗谈心谈话，从而使该生尽快地找到自信。

（四）利用朋辈力量，重拾远大理想

小罗虽然不是班委，但为人诚实，与班级同学人际关系较好，有较强的社会支持。在接下来的工作中，辅导员充分挖掘"朋辈资源"，开展"暖心陪伴计划"，调动班干部、宿舍室友、班级同学的力量，陪伴小罗，与小罗一同参加学校文化活动、校内外志愿服务充盈学生精神生活；为小

罗安排"朋辈导师"、学长学姐对小罗开展"一对一"学业帮扶，达到"1+1>2"的工作实效；培养其追求卓越的意识、能力，让其重拾信心，树立远大理想。

四、结果与启示

经过系列帮扶，小罗逐渐恢复了往日的活力，性格也变得较为开朗；按照自身的规划发展自我，担任学院学生助理，心理问题也得到了一定缓解。他也积极通过补考拿到学分，目前打算报考研究生（少数民族骨干计划）。

启示：该案例中，学校从多层面、多角度、多渠道为学生寻求物质资助，降低经济压力对于学生的心理冲击，缓解学生的心理困扰。依据马斯洛需求层次理论，辅导员尽量去满足了家庭经济困难学生的尊重需求和实现自我价值需求，充分体现了资助育人的成效，实现了"扶智"与"育心"的功能。辅导员作为联结学生、学生家长、学校的桥梁和纽带，其作用发挥比较到位；在协调物质帮扶的基础上，兼顾学生心理问题的帮扶，双管齐下，化解了学生的风险困扰。

案例 10　谁为学习负责?

导语: 在高校,考试是教学活动的重要内容,与此同时,也是大学生产生焦虑情绪的重要来源。考试焦虑情绪不仅仅出现在考前,在考试过程中、乃至考试结束后,很多大学生都会持续、或间歇性出现考试焦虑状况,产生困扰。大学生考试焦虑作为高校普遍性、高发性、学生工作常规性的问题,高校需要对其更加重视,为防止该问题泛化,辅导员需要加强对学生的正确引导与教育。

一、基本情况

小陈,男,20 岁,留级生,目前大二,汉族,独生子;来自西部某省,父亲为当地国企领导,母亲为自由职业者;家庭经济较为宽裕,无宗教信仰;无留守儿童史,家庭成员中均无精神病史。小陈自述临近期末考试,自己情绪低落,学习效率低下,不愿意与家人沟通,失眠,这种情况已经持续一周,主动向辅导员寻求帮助。当天见面时,辅导员看到小陈身材高瘦,面容憔悴,略显邋遢,交流时他说话少,声音小,语速慢,谈话过程中不敢与辅导员对视。在谈及考试、成绩等敏感词时他表现紧张,不停地挠头、搓手,神情无助。经过 1 个小时的交流,辅导员收集到了很多关于该学生的个人信息。小陈初高中均在当地最好的学校学习。第一次高考失利时,父亲特别失望对其言语激烈,当时曾有过轻生的想法,但未实施,复读后通过二次高考进入我校。在填写高考志愿时,本想填写新闻学，但被父母一票否决，最后在家人朋友的推荐下选择目前专业。进入大一后，父母不在身边，其过得非常惬意轻松，常常跟一群好友外出旅游。他对学习不太上心，感觉大学要放松而不想吃苦，最终因过度放松挂科较多被做降级复读的处理，父亲知道后专程赶到学校当面处理。当时父亲当着学院领导的面现场对小陈发脾气，父子关系现在也非常紧张，平时只与母亲联系，从不主动跟父亲打电话。

二、案例分析

小陈出现了典型的学业适应问题。出现此问题的原因有：

（一）学习动力严重不足

小陈对所学专业不感兴趣，对学习也没有一个明确的目标，不知道为什么而学习，因而其内心严重缺乏学习动力。加之初高中起就是在父母的压力之下被动学习，进入大学后，其缺少了父母和老师的监督，学习慢慢就荒废了。

（二）潜意识对父母的反叛

小陈的父母对其管教极其严格，让他无法选择自己想要的生活，在一些重大问题上没有选择权。自己感兴趣的事，都被父亲否定掉，认为是不务正业。小陈的潜意识里面认为现在的生活是父母强加在自己身上的，自己没有自主权，只是他们的牵线木偶。而学习刚好成了目前小陈唯一可以反抗父亲的工具。

三、处理策略与过程

综合小陈的信息我们发现，小陈的问题为一般学习心理问题，特别是目前小陈无自杀想法与行为，暂时不属于保密例外的心理危机状态。因此辅导员将辅导目标设定为：缓解考试焦虑，提升考试自信心；能够与父亲进行良好的沟通；在达到以上目标的基础上，协助小陈建立良好的社会支持系统，进而促进小陈达到心理健康、人格完善。

（一）强化学生求助动力，建立长期关系

辅导员肯定了小陈主动寻求帮助的内在动力。他也是想积极解决目前问题的，同时也是信任辅导员的。

（二）梳理家庭关系，促成家人"I see U"

辅导员通过绘制萨提亚原生家谱图，结合家庭图与沙盘，通过沙盘演示家庭互动状态。辅导员通过与小陈共同审视原生家庭图，引导其更加直观地发现原生家庭中各自的角色、生存姿态以及性格特点。在沙具选择上，父亲沙具的特点：西装笔挺、拿着公文包打电话、身体向前跑的动作。母亲沙具的特点：胖胖的、有点像包租婆的感觉。自己沙具的特点：一个软体动物，像是没有壳的蜗牛。小陈对家庭图的解释和重要他人的描述所呈现出来的信息是：学习问题是家庭关系的一个延伸，考试焦虑是表现，父母关系特别是父子关系是家庭关系当中聚焦的点；在这个家庭中，父亲在压力情境下的应对方式是责备，小陈在面对压力时采取的是讨好，两人这样做的后果是一样的：不能成功地应对压力，感到不足，并具有低自尊；小陈在进行讨好时，也有着特别强烈的愤怒与怨恨，但自己却认为自己没有这些感受。小陈内心的家庭规则是：父亲拥有权力、为了让家庭和睦，我必须去讨好别人、学习比"我"更重要。以上信息让小陈有所领

悟，固有观念似乎有所松动。

（三）成长之行冥想，促成家人和解

根据所获得的信息，辅导员带小陈进行了一次冥想之旅，冥想词的内容包括回顾父母的成长历程。在回顾父母的成长历程时，辅导员观察到小陈情绪波动较大，似乎有所触动。"我好像看到了我父亲从小没有了父亲，一个人孤孤单单的，看惯了别人的冷眼。才读完初中就自己打零工赚生活费，因为分数不够不能读高中，最后读了个大专，后来找到一个体面的工作，生活才有了起色。他好像也是特别辛苦，一路走来。我好像特别不争气，觉得自己做得很不对，把他折磨得够呛，心里面有点愧疚。"

（四）觉察自我冥想，为自己负责任

小陈通过冥想放松，回到小时候被父亲责骂的场景中与父亲和自己对话，辅导员引导小陈学会表达和承认那些以前压抑和忽视掉的情绪情感，正视那些不被自己的理性接纳的部分；了解自己拥有的资源，并作内在的改变，建立新的应对方式，即以成人的方式跟父亲平等地交流、沟通。小陈领悟到学习是自己可以选择做的事情，绝不仅仅是"为了父母"，所以决定继续求学，这是符合当下的选择。同时他也看到了自己身上的资源与能量，似乎找到了进一步的力量，脸上露出的是轻松、愉悦的表情。

（五）积极视角看待生活、家庭与自己

辅导员引导小陈用积极视角看待生活、家庭与自己，小陈分享了"上周寝室同学给他一个温暖的回应""跟妈妈打电话妈妈很快就接了""想给自己一个小小的鼓励而来到了辅导员办公室"三个欣赏与感谢的故事。

四、结果与启示

本案例呈现的过程，与其说是一次心理辅导，还不如说是一次专业心理咨询。在整个的咨询过程中，辅导员都强调小陈自身改变的重要性。在结束时，小陈自述考试焦虑得到缓解，自信心提升，更重要的是他学会了以新的方式与父亲沟通。

启示：家庭问题也会影响学生的学习动机。如果学生没有激活"为自己而生活"的内在动机，那么其潜意识里面会将自己处于失败的境地。而最容易出现的失败就是学业失败。辅导员应当以学生为中心，与学生建立互信关系，积极倾听，认同学生的情绪体验及所作决定，这是帮扶学生的第一前提。然后，辅导员需要梳理学生家庭关系，促成家庭和解，强化学生为自己而活的理念，引导学生树立美好的愿景，从而增强其内在学习动机。

第三篇

应激与危机篇

案例11 好可怕，老是做噩梦

导语： 人生在世，意外总是不可避免。大学生可能会碰到疾病、火灾、车祸等应急事件。当学生出现应急事件后，其会出现一些创伤后应激障碍。辅导员需要将心理与思政融合，对这部分学生做好心理安抚。

一、基本情况

学生小东是我所在学院的学生，非我带的学生。我是学院心理专项负责老师，小东的辅导员推荐他来找我做心理辅导。她的具体情况如下，女，汉族，18岁，大一新生。10月份初室友A在体育课上癫痫发作，11月25日周三在食堂吃饭时室友A癫痫再次发作。小东描述那天的情况是室友A"直接在食堂抽搐，一边口吐白沫一边吐血，同时手像是要掐过来一般，直接抓向我，像抓救命稻草一样"，当天室友A被120急救到医院后恢复出院并无大样。自那天起，小东开始感觉自己最近几天都在作噩梦，时常会梦见自己脖子被掐。无论在寝室或是教室她都是随时处于惊觉状态，特别是一旦室友A有一些反应，她就会担心室友再癫痫发作，小东感觉室友A像个定时炸弹在身边一样。也正是因目睹室友癫痫发作过程，小东最近几天也不敢去食堂吃饭，只有点外卖，吃也吃不下，睡眠及饮食受到极大影响，影响了正常的生活学习状态。同时，小东对室友A的行为习惯、处事方法也有不满。双方都是大一学生，室友A在大学前未有过集体住宿的经历，在未发病时室友A经常晚睡，在寝室跟男朋友长时间打电话，交流时喜欢用脏话。双方沟通之后室友 A 也没有什么变化，造成寝室关系存在矛盾。在室友 A 癫痫发作后，学校、医院及家长都有避免刺激室友 A，不能歧视室友 A 的潜在要求，造成目前小东与室友 A 交流时都不敢表达自己内心真实想法，有怒不敢言。另外，室友 A 在病发后，也未表达过对其他室友在病发时照顾她的感谢，以及造成她们心理困扰的歉意，而是认为寝室室友其他三人对她的关心体谅都是理所当然的，这让寝室室友小东更为伤心。

二、案例分析

我通过小东的辅导员了解到室友 A 癫痫事件已发生将近 1 个月。小东直接目睹室友 A 的癫痫发作过程，且全程参与了室友的救治过程，这对她来说属于重大冲击事件，且小东是外地人，在本地并无家人，缺少必要的社会支持系统。目前小东已有创伤性再体验症状（晚上会梦到有人掐脖子）、回避和麻木类症状（不敢与室友 A 单独待在同一个寝室，单独待在一起时会感觉到呼吸不过来）、警觉性增高症状（室友 A 的一些小动作，都会让她感觉室友 A 癫痫可能要发作），符合 PTSD 的症状标准。另外，我通过与小东的同学的摄入性会谈了解到，目前小东出现了有抑郁、焦虑、紧张、悲伤、内疚感的情绪反应，并且目前无法完成常规的学习任务，上课注意力不能专注，成绩下滑厉害；人际交往受到负面影响，社会学习功能处于中度受损水平。另外，小东虽无明显自杀想法或是行为，但在交谈过程中，小东极其愤怒，偶尔表达了"难道要用我的生命来唤醒学校对这次事件的关注吗"的极端想法，存在着潜在的自杀危机。因此对小东进行心理辅导员，刻不容缓。

三、处理策略与过程

（一）运用陪护、倾听让学生得到情感的宣泄

我在咨询面谈时首先无条件接纳小东，接纳小东的痛苦和悲伤，让小东感到被尊重和被理解，与小东建立了良好的咨询关系。我并非小东的辅导员，也不是在正常的咨询室里做咨询。作为心理专项老师，我也尝试用心理咨询师的状态，通过陪护与小东建立心灵的联结，通过温暖的目光，姿势的微微前倾，点头等非语言行为和关切的充满温暖的声音信息给予小东无声的支持与安慰。小东在室友A癫痫发作后，学校、医院及家长都有避免刺激室友A，不能歧视室友A的潜在要求，造成目前小东与室友A交流时中都不敢表达自己内心的真实想法。同时为了不让远在外地的父母担心，小东通常"报喜不报忧"，不曾对自己的父母诉说过在学校的经历。这使得小东没有倾诉的渠道，情绪积压在内心深处。而我在此时就成了小东最佳的情绪宣泄桶。

（二）让其正常化目前状态，是"重大事件后的正常反应"

对学生进行心理减压，让其情绪宣泄。小东直接目睹室友癫痫发作过程，且全程参与了室友救治过程，这对她来说属于重大冲击事件，且小东是外地人，在本地并无家人，缺少必要的社会支持系统。无助和痛苦会萦绕在当事人心头，小东出现的躯体、情感和认知行为上的症状表现都是正常的反应。在面谈过程中，小东时常陷入悲伤情绪中，出现的哭泣和哽咽都是正常的反应。

（三）给予积极关注与反馈

让小东认识到自己并不是自己所说的做得还不够，而是做得非常好。小东在此过程中处于非常矛盾的状态，一方面觉得室友A让她痛苦，另一

方面又觉得室 A 很可怜。作为她的同学与室友，此时此刻她应当给予支持与帮助，但内心又觉得痛苦，无法作出行动，总觉得做得不够好。我通过与之面谈，让小东明白自己已做出了自己能力范围之内最好的事了。在室友 A 突发癫痫而其他人都选择观望之时，是她第一时间帮助她，并全程参与了救治过程，这是非常棒的。

（四）提供后续支持资源

我将学校心理中心推荐给小东，同时也欢迎小东若过段时间出现其他问题可以随时来找我进行疏导。

四、结果与启示

经过 1 小时的面谈，咨询结束时，小东反馈目前能够从之前的状态抽离出来，情绪得到缓解。咨询结束半个月后，小东的辅导员反映，小东目前能正常学习，上课能集中注意力，按时完成作业，学习成绩开始恢复到正常水平，目前也能正常参与集体活动，和室友关系良好。心理危机干预取得较好效果。

启示：本案例中的主人公是 1 名大一女新生，近期因目睹室友癫痫发作过程，从而导致最近几天作噩梦，睡眠及饮食受到极大影响，影响了正常的生活学习状态。后经过心理危机干预，逐渐走出阴霾。对于创伤后应激反应的处理，辅导员应当增加对此类心理问题的认识，以"真诚的陪伴、认真的倾听"的形式，让学生大胆倾诉；同时让学生与室友正常化相处，不特殊对待、不回避。

案例 12　我没有病，你才有病

导语： 近年来高校心理工作形势日趋严峻，学生出现严重心理危机的情况越来越多。通过多年的心理工作实践，各高校与专业心理卫生机构合作，构建校内外密切协作的大学生心理危机处理体系。专业心理卫生机构的专家对处于严重心理危机状态和需要住院治疗的学生，会提出治疗方案，并建议对门诊治疗和经治疗后复学的学生进行跟踪监护。但目前，许多辅导员在碰到此类危机学生时，对于"什么人需要推荐就医""推荐就医时如何与学生家长沟通"等方面存在一定困惑。本文以个案的形式，结合工作实际，剖析案例的复杂情况，阐述辅导员推荐就医的工作方式。

一、基本情况

一名同学给辅导员打电话，说想要调整寝室，因为室友中小孙（化名）总是认为其他三名女生要加害她。小孙时常在寝室里自己对着镜子发呆，还莫名地开始发笑，有时候嘴里念念有词，目光呆滞，神情恍惚，室友们感觉该女生精神状态很差。辅导员了解大体情况后，叮嘱其他室友持续观察她的状态，电话保持畅通，有其他状况，随时联系，辅导员老师马上动身去现场。半小时后，辅导员赶到宿舍楼，发现该名同学头发披散，看到辅导员时表情有些不自然，发现是辅导员后，略有放松，问老师怎么来了。于是辅导员与学生轻声聊了起来。通过有目的的闲聊，辅导员发现了她更多细节，如前言不搭后语，思维凌乱，有时该生会突然愣神，沉浸在自己的状态中，过 1 分钟左右才能缓过神儿来。在断断续续的闲聊中，辅导员不断地安抚该生情绪，帮助她放松下来。渐渐地该生状态趋于稳定，辅导员又与她聊了聊学校里的一些趣事，帮助她转移注意力。中午接近饭点时，辅导员安排同寝室同学直接点外卖在寝室吃，同时轮班陪着该生，确保她的行为处于时刻被关注的状态下，如果再有突发情况，能够第一时间进行干预。确定该生情绪平稳后，辅导员向主管领导进行汇报后，根据心理中心的专业经验初步判定为精神障碍，需要及时进行干预治疗。辅导员立马联系该生的妈妈，将该生情况进行了反馈，建议该生亲属尽快赶到学校，将该生接出校园，送到专科医院进行治疗。当天晚上，该生父母赶到学校，在接触学生后，家长仍不认为学生有精神疾病，认为学生没有什么问题，执意要将学生留在校园。辅导员在与该生家长交流后得知父亲曾经也患有过精神分裂症并入院治疗。

二、案例分析

小孙出现了一些精神疾病的疑似症状，如果得不到及时、正确的诊断和治疗，会严重影响她的生活和工作，给学生及其家庭都带来巨大的痛苦和负担。因此做好学生的推荐就医工作是为了更好地排查与诊断，而不是推卸责任的做法。但在实际过程当中，家长因为各种原因，有顾虑不愿意让学生到专业医院就诊。

三、处理策略与过程

（一）坚持底线思维，明确推荐就医意义

当学生出现疑似精神疾病状态时，推荐学生就医是对学生、学校以及家长负责。对于学生来说，其通过及时就医诊断，医院可出具具有法律效

力的诊断书，学生可以明确清晰目前自身状态，排除内心疑惑；有些严重心理问题如抑郁症、焦虑症等，可能与机体某些激素或是神经递质分泌有关。通过医院的专业药物治疗，学生可以恢复机体机能。学校再辅以心理咨询，效果会更好。对于学校来说，这是高校学生工作规范化的必然要求。根据《中华人民共和国精神卫生法》的规定，只有医院才有资质对心理问题进行诊断与治疗。学校心理中心虽然有心理学背景的老师，但没有心理诊断与治疗的资质，只能负责校内学生的心理健康教育与咨询工作。当学生出现严重心理问题、突发精神疾病等情况，超出学校心理中心的工作范畴时，学校需要推荐至专业医院进行专业的心理治疗。医院出具的诊断书，是具体法律效力的，是学校了解学生目前状态的重要资料，也是学校安排后续工作的指导性依据。

（二）认真研习，懂得推荐就医话术语

由于心理问题的特殊性，学校推荐学生就医，对于有些学生与家长来说，存在困难。因此"推荐就医时如何与学生家长沟通"，是推荐就医的重要步骤。以下是笔者多年摸索出来的一些技巧。在实际沟通当中，我们与学生沟通时，需要强调就医的有效性，即医院检查可以让他更了解自己，可以明确清晰学生自身状态，排除内心疑惑；强调医院的权威性，即医院有专业医生，可以出具具有法律效力的诊断书（特别是针对休学、复学的学生，这是必不可少的材料）；强调结果的保密性即用保密来打消学生"害怕别人对他贴标签、有偏见而拒绝去医生"顾虑；强调就医的迫切性，即"碰到问题，越早解决越好，不然耽误功课等方面"；强调就医的普遍性，即打消学生认为自己是唯一就医的顾虑，"学校每年都有学生去医院就医，甚至有老师也不例外"。而家长沟通时，我们需要强调保密性，打消家长担心自己家孩子在学校被人"贴标签"的顾虑；沟通话题以学生为中心，以学校为学生健康成长着想为出发点，重点强调"帮助学生走出目前困境"；强调就医的普遍性，属于正常现象，当问题严重时，就医是最好的选择，"早治疗、早康复"，特别强调"不影响毕业"；强调就医的有效性。

四、结果与启示

当天晚上做好家长工作之后,家长带学生至专业医院排查诊断为精神分裂,学生住院一个月后恢复良好,重回校园后调整至新寝室,与新室友关系融洽,适应良好。

启示:在进行大学生心理危机干预实践活动中,推荐严重心理问题就医,是新时代《中华人民共和国精神卫生法》对高校心理咨询与心理危机干预的法律要求。学校与专业诊疗机构建立的"医教结合"的新模式,是目前最行之有效的心理危机干预体系。在推荐就医过程当中,辅导员应当明确推荐就医的益处,同时多多学习相关技巧,从而提升学生出现心理危机时的应对能力。

案例 13 分数诚可贵，诚信价更高

导语： 学生考试作弊是在大学生教育和管理中经常遇到的问题。当发生考试作弊问题后，学生可能会出现急性的应激反应并出现心理危机。辅导员作为教育工作者，不能简单粗暴地以处分了之，应根据不同学生的性格特点以及耐挫折程度，第一时间做好应急处置，并有针对性地做好后续思想政治工作和帮扶工作。

一、基本情况

小李，男，大二在读学生。小李来自于西北某省，家庭经济良好，父母均在当地开设公司。入学后，小李积极参加校园活动，与同学相处良好。学习态度端正，勤奋好学、积极上进，并且担任班级组织委员一职。个人爱好文学，平常没课的时候也总喜欢泡在图书馆，没有过多的娱乐活动，是一个比较典型的家境好、学习好的好学生。

大二下学期时，线性代数考试还没结束，辅导员就接到教务办老师电话，被告知学生小李考试作弊被抓，现在情绪激动，请辅导员过来接人安抚。15分钟后辅导员在教学楼的教师休息室接到小李同学。还没等辅导员出声，小李已经泣不成声，抽噎着对辅导员说："老师，我在考试的时候，因为手机放在抽屉里面，被巡考老师抽查的时候发现，认为我作弊，您看有没有什么方法跟巡考老师说说，不要给我违纪处分，我并没有把手机拿出来，我不想因为此事影响我下学年的评奖评优"，说完更加伤心地哭了

起来。随后，辅导员安慰了他几句，便把他领到办公室进一步了解具体情况。在办公室里，小李只面对辅导员一个人时，本来稍稍平复的心情又变得激动，强烈地表现出被冤枉的态度，表示自己当时并没有看手机，平时复习还算可以，再说试卷上的题目都是他平时复习过的，自己从来没有想过要打算将手机拿出来作弊，恰巧巡考老师从背后看到了手机是自己太不走运了，说完哭得更加伤心了。考试作弊对于一向品学兼优的他来说，宛如是个晴天霹雳，犯了一个普通学生都不会犯的错误，影响了班级的学风，自尊心较强的他以后在班级更是抬不起头，心理上完全无法接受自己被巡考老师抓住的这个事实，他心里也更加明白，一旦学校处分的文件下来，那将意味着这一学年所有的努力都白费了，不但拿不到下学年评奖评优的资格，就连学位证都拿不到，更无法跟家里人交代。哭到没有力气的他瘫软在地上，中午既没有吃饭，也没有休息，更别说参加下午的考试。

二、案例分析

由于大学生的考试成绩是评价一个学生能力的重要指标，所以他们往往会想方设法来提高自己的成绩，而这就是大学生产生作弊违纪行为的重要原因。小李作为家里人的骄傲，面临不太擅长的科目考试时，因为害怕考试不及格或是为了得到更好的学业成绩，而存在侥幸心理。因此，在考试前的时候准备了手机以备不时之需，虽然可能没有实际使用手机，但恰巧巡考老师看到了课桌抽屉里的手机，查实了小李的违纪行为。根据考试规定，只要通信设备被查处，都视为考试作弊。小李觉得很冤枉，没有看手机就被认定作弊，心里特别委屈，再加上他又是班委，他觉得这件事之后班里同学会对他另眼相看，甚至还会因此失去下一学年评奖评优的资格以及毕业后的学位证书。而自己自小就是家人骄傲，本次作弊也有一部分原因是想维持更好的学业成绩。小李想到受到处分后会有这样大的影响，产生了挫折感，出现焦虑、情绪低落，感到羞耻。他可能会出现一些极端的行为，不但影响接下来的考试，而且对于以后学习的积极性，上课的主动性以及整个大学生活都会产生影响。该案例属于辅导员工作职责中对学生的思想理论教育价值引领和校园危机事件应对范畴。

三、处理策略与过程

（一）引导学生接受违纪事实

小李同学一直存在着侥幸心理，希望辅导员向教务办或是上级主管部门申请撤销处分，觉得自己并没有把手机拿出来偷看，而是巡考刚好看到了自己，才使得自己违纪的行为暴露，觉得给这样就给予处分太冤枉。而且学校也可以睁一只眼闭一眼就算过去了，没必要认真。对于此，辅导员认真跟他摆事实，在办公室把学生手册中的关于考试作弊认定的相应条款规定给他看，并且明确表示巡考老师也是严格遵守考试规则，按原则办事。特别强调"虽然你没有把手机拿出来看，但是携带手机等通信设备进考场座位就属于考试违纪行为"。而学校所下发的处分也是根据相应的违纪事实进行判定的，并没有过重的惩罚，这些违纪处分规定适用于在校所有学生，并不是专门为某一个学生而设定的，既然有这样的违纪事实，就要按照规定给予相应的处分。并再次提醒小李之前在诚信考试主题班会中讲过的更多考试作弊情形与处分条例，引导小李接受违纪事实。

（二）舒缓学生焦虑情绪

事情发生后，小李的情绪异常激动，吃不下饭、喝不下水，更无心参加下午的考试，辅导员就陪伴着他，照顾他；在办公室专门点了饭菜上来，先让他吃点东西；等他情绪稍微稳定后再与他进行沟通，向他说明既然事实已经发生，我们要做的就是积极面对；同时在现场通过解读学生手册相关条例，给予学生更多希望，比如学生关心的学位证问题，按学生手册规定，通过西部基层就业也是可以拿到的，而学生本人就在西部省份，未来只要扎根基层，一切都还有补救的办法。通过沟通，辅导员了解到小李同学本来就有回家建设家乡的打算，这样一来就更加坚定小李同学扎根西部的想法，将压力转化为动力。至于班级同学因为这件事情怎样看他，辅导员告诉他这完全不应放在心上，毕竟优秀的人也有犯错误的时候。辅导员通过事例的讲解，让他认识到犯错并不可怕，能改正就好。而且关于处分文件都是一对一送达学生本人手上，不会做扩大处理。

（三）联动家长积极职业规划

当天辅导员也联系了家长，告知学校作弊处分事宜，再三提醒家长关心学生心理动态变化，不要再给学生额外压力，切勿再指责打骂学生，以免出现危机事件。同时，建议家长为学生未来发展考虑，协助小李以扎根西部基层就业作为职业规划发展方向。这样，一是可以让小李获得自我成长感，二是可以让小李现实层面能拿到学位证。

（四）引导同学关爱正面鼓励帮扶

小李出现危机情况以后就进入了辅导员的重点观察库当中。辅导员按学校程序，建立三级心理帮扶网络，发动学生干部、寝室同学进行对小李进行重点关注与帮助。同寝室的同学在心理上和生活上适时给予关爱，班干部重点动员他参加学校及学院的各类活动，并且在同寝室安排信息员，有特殊情况及时反映。

四、结果与启示

辅导员通过对该生持续的关注、关心和鼓励，帮助其走出了违纪阴影，再次重塑信心和未来目标，协同专业教师提供就业精准帮助，最后该生进入西部某基层单位工作。2 年后，该学生考取了在职研究生。

启示：考试作弊是在大学生教育和管理中经常遇到的问题。辅导员要坚持预防为主的工作思路，通过组织学生签订诚信考试承诺书、召开主题班会等形式强化诚信教育，摆事实、讲案例，纠正学生错误的思想，在班级、专业、学院、学校范围内形成良好的学风考风，使学生在考试中不想作弊，自觉遵守学校考试纪律，以作弊为耻，以诚信为荣，进而杜绝考试作弊现象。而当学生真正发生考试作弊的情况时，辅导员要第一时间到场，了解受处分学生的心理和性格特征，确认学生心理状态，并进行有针对性的干预。在强化批评教育之后，辅导员要给予学生正面希望，引导他们正确认识自己，修正消极的自我评价，帮助其规划未来的职业发展；同时将处分学生纳入心理预警库中，实时关注学生的思想动态变化，在有异常情况时，及时给予帮助和指导。

案例 14　精神分裂症复发且家长不配合，如何应对？

导语： 家长是学生的第一负责人。当学生发生危机时，辅导员应首先处理好当下紧急的危机问题，全力保障学生安全。辅导员既要做好家长积极配合的准备，但也要做好沟通不畅，问题更加复杂的准备，根据学生心理状态与行为的特点，做到情理并重，甚至用法律武器保护学生的权益。

一、基本情况

小 L，男，北方某省人，家有 4 口人，有大 5 岁姐姐且已成家。家庭经济一般，仅靠父亲打工赚钱收入，父亲对学生要求严格，行为粗暴，母亲对其宠溺。小 L 曾在大三上学期时被鉴定为精神分裂症，但父母一直不同意办理休学调养，只请长假服药，稳定后继续上学。大四开学后，辅导员经父母告知小 L 本人携带 1 个月左右的药回校。辅导员前往宿舍但发现其并未遵照医嘱正常服药，吃药无法得到有效监管。其本人也并未积极前往学校心理咨询室和医院治疗，并且对老师的建议极其反感。学习方面，小 L 本学期面临多场重修课程，同时毕业实习和毕业论文实践课程同组同学反映其并未积极联系指导老师，尚未完成毕业论文撰写。小 L 睡眠不好，极其敏感，易怒，个人卫生不佳，宿舍垃圾成堆，外卖堆放直至发霉，经辅导员和宿管阿姨多次提醒后未有改善。从开学第一周开始，辅导员多次通过电话、短信、QQ、微信等方式联系小 L，但都是无回复，前往宿舍也未找到本人。辅导员与家长保持每周联系，实时将每周学习任务和小 L 的状态告知给家长。

一天，宿舍管理员打电话告诉辅导员，说小 L 一个人在宿舍大喊大叫，又哭又闹。小 L 告知辅导员他听到有人一直在走廊上说他的坏话；而且宿舍同学打呼噜打扰其睡觉。他用平时锻炼的杠铃威胁宿舍同学必须搬出去住。当天辅导员和小 L 的家长沟通，家长认为小 L 是为了逃避学习故意装出来的。但小 L 的室友已被惊吓，不肯再和他住在同一间宿舍。经过再三要求，第二天家长来到学校，辅导员再次将学生现实情况反馈给家长，提出要求父母陪读，并协调学生送医事宜，但是其家长以其工作繁忙、家庭困难、身体不适为由拒绝，直接返回老家，此后不再与老师联系。

二、案例分析

从该案例中，我们可以发现以下几点：第一，高度关注的学生群体：曾经因为被诊断过精神分裂症。第二，疑似心理问题的典型症状：学生出现幻听以及被害妄想，爆发了异常行为。第三，高度复杂的外部环境：家长和室友皆不配合，家长认为是故意装的，舍友觉得是精神问题。因此，这是一起典型的三方矛盾叠加的复杂案例，需要家校沟通、朋辈引导、疑似心理问题的识别等，但最紧急的问题还是危机应对。因此，该案例本质上是一起心理危机的识别与应对事件。

三、处理策略与过程

解决家长不配合的问题，一是依托《中华人民共和国精神卫生法》，用好管理的手段这一快思维。即先处理好当下紧急的危机问题，全力保障学生安全。辅导员既要做好家长积极配合的准备，但也要做好沟通不畅，问题更加复杂的准备，根据学生心理状态与行为的特点，做到情理并重，甚至用好法律的武器保护学生的权益。二是依托《高等学校学生心理健康教育指导纲要》，用好教育的手段。辅导员可传授心理健康知识，澄清部分家长的错误认识，提升他们对常见精神障碍和心理行为问题预防、识别、干预的能力和水平。

当学生出现心理危机时，辅导员应第一时间赶赴现场，协调力量保障安全，确保当事学生及周边群体的稳定安全。作为辅导员，我接到信息后第一时间赶赴寝室；同时在赶赴现场过程中与学院领导、保卫处、心理中心老师、学生私交较好的同学取得沟通，共同奔赴现场进行应对。在多方人员的配合下，我们在学生党员和学生骨干的协助下，将学生带离至安全的宿舍阿姨休息室里进行休息。在心理中心教师的协助下，安抚学生的情绪，由专业人士预判学生目前的状况。同时保卫处派出骨干力量在楼栋下方随时待命，以防危机发生。

（一）全力联系学生家长，做好学生就医准备

小 L 之前有过精神分裂症诊断，且在学习、生活和寝室同学相处中，拒绝老师和父母帮助。我们由此可以判断，小 L 同学可能已经基本丧失自理功能，并有可能处于发病状态。辅导员经与心理中心老师沟通后立即联系其父母，送医核查其状况；报告保卫处，对其攻击性行为采取监控措施，以防其发病伤人或自伤。家长不配合的症结在于没有认识到问题。在排除学生刻意演绎的前提下，我要在心理中心教师的配合下向家长说明目

前的情况与隐患，特别是借助心理咨询中心专业教师的力量，对家长进行客观说明，借助专业能力获取信赖，要求家长必须来校处理，送医治疗；如果家长仍然拒绝配合，学生又有自身伤害和伤害他人的危险，学校可以根据《中华人民共和国精神卫生法》第二十八条，安排辅导员送至相关医院进行治疗，在取得医院的相关诊断结果之后，用专业的病例与家长做深度沟通，情理俱下要求家长必须来校进行配合处理。若家长仍不配合，学校可以以《中华人民共和国精神卫生法》第二十一条，第八十二条等条款为武器，与家长所在地单位联系，帮助学生维权。同时鉴于家长不太配合且不愿意联系的情况，辅导员在专业指导下，给予学生家长《告知家长书》，明确表示，希望家长以学生生命为重，做到定期复诊，不适随诊，监督学生遵医嘱服药，切忌自行停药或擅自增减药量，如有可能，建议学生每周定时进行心理咨询。在此期间，学生不适宜单独在外租房居住，家长应予陪同并照顾其生活起居，负责其个人安全问题。最终家长还是理解学生的状态，并以生命为重，来学校带领小 L 前去就医。

（二）现实帮扶与心理帮扶同步，解决学生后顾之忧

辅导员在家长前来之前，对其原寝室同学更换寝室，对周围寝室同学提醒注意回避与小 L 同学的接触与冲突，避免激发学生情绪；联系同班同学以帮助其完成毕业论文和毕业实习的名义，关注小 L 本人动态；保持每天与小 L 保持联系。

（三）人文关怀与管理服务并重，做好学生的持续关注

根据医院的诊断结果，小 L 被确诊精神分裂症（复发），并要求住院治疗。在与学生家长沟通时，辅导员根据医嘱——现在学生不宜继续求学需要休学治疗，要求家长带学生休养甚至是休学一段时间直至学生状态平稳。等学生康复后回校，学院会为学生调换安全的宿舍，并选派学生骨干加强关注和关爱帮扶，做好相关的管理服务工作。辅导员特别跟家长强调的是精神分裂症的治疗关键是服药，小 L 必须严格遵照医嘱按时服药，但

由于药物有一定副作用，加之短时间状况好转后往往家长和学生放松了警惕，会出现中断服药的行为，而精神分裂症一旦暂停服药，二次服药的疗程就要延长，三次出现即要终身服药，因此辅导员一定要与学生家长做好相关重要问题的告诫，并在休学过程中秉持"离校不离心，联系不断线"的原则，加强沟通与督促。

四、结果与启示

小 L 经过专业医院诊断，精神分裂症住院一段时间后，回家休学一年。第二年，小 L 经过专业医院提供的康复诊断加之校内心理中心面谈结果，符合休学生后复学标准而复学。复学第一学期，家长按学院的建议在校外租房一个月，观察小 L 复学情况。

启示：从该案例，我们发现一个重要的风险点，也是近年来我们处理心理危机事件的一大难关，就是家长与同学存在的心理健康知识欠缺。这直接导致了家长的不配合和同学的不理解：要么盲目地等同为"精神病"刻意抵制学校及辅导员的工作；要么由于沟通的不畅以及辅导员自身专业知识的有限，家长理所当然地站在自己的孩子一方而把辅导员的尽职行为当成对学生的为难。因此，辅导员一方面要增强自身的专业素养；另一方面要学会做好统筹联动，有效发挥心理健康中心教师、医院医生的力量，做好工作，取得家长的信任和同学的配合。辅导员在开展心理育人的工作中，要跳出心理看心理，从思想政治工作的大维度去做好学生的关怀与帮扶，而不是针对心理看心理，治标难治本；引导学生正确认识义和利、群和己、成和败、得和失，培育学生自尊自信、理性平和、积极向上的健康心态，促进学生心理健康素质与思想道德素质、科学文化素质协调发展。

案例 15 "心理危机干预七步法"及时干预学生心理危机

导语：随着时代的发展，近年来高校心理危机事件频发。正确应对学生心理危机，已成了辅导员的必备技能。本案例通过实际案例呈现"心理危机干预七步法"，为辅导员工作提供借鉴。

一、基本情况

2021 年 11 月，辅导员发现学生小邓的微信朋友圈里发了一条动态"可能这是我最后一次发朋友圈了，谢谢你们。"作为有心理工作经验的辅导员，他意识到这似乎是学生在表明自己当下存在轻生的想法，情况比较危急。

二、案例分析

这是一例自杀心理危机案例。辅导员在日常工作中，需要及时关注学生去向，通过多种方式方法（自己发现、学生上报、心理中心反馈等）及时掌握学生心理动态，做好心理预警工作。"不怕干预不了，就怕发现不了"。辅导员在日常工作当中，要识别学生自杀的征兆。首先是言语上的征兆：表达过轻生的念头，谈论与自杀有关的事或开自杀方面的玩笑；谈论自杀计划，包括自杀方法、日期和地点、易获得的自杀工具等；直接说出："我希望我已死去""我再也不想活了"；间接说出："我所有的问题马上就要结束了""现在没人能帮得了我""没有我，别人会生活得更好""我再也受不了了""我的生活一点意义也没有"等。其次是行为上的征兆：睡眠、饮食或体重明显增加或减少，过度疲劳，体质或个人卫生状况下降；易激怒，过分依赖别人，持续不断地悲伤或焦虑，常常流泪；无缘无故地生气或与人敌对；突然把个人有价值、有纪念性的物品送人，或与亲朋告别；出现突然的、明显的行为改变，如曾经情绪一直不好，突然变得很平静甚至比较高兴了。再次是识别精神疾病的症状：幻觉看到或听到他人对自己思想及行为的批评，或听到两人以上彼此交谈，但实际上这些声音或图像并不存在。妄想超越做到现实中个人所能达成的事或产生与现实不符的想法，如有的病人会说自己当总统、主宰世界、拯救众生等与现实不符的想法。语无伦次、思维松弛、语言逻辑性差，难以理解。最后是，关注遭遇重大突发事件创伤者。如遭遇突发事件而出现心理或行为异常的学生，如家庭发生重大变故、失恋、受到自然或社会意外刺激的学生。而我们的案例当中，小邓的朋友圈就像是与亲朋告别，在表达自杀想法和行为，需要引起警觉。

三、处理策略与过程

辅导员根据学校心理中心给予的"心理危机干预七步法"开始进行心理危机干预。

第一步，做好监护。

保证安全，做好监护，是辅导员在心理危机干预当中最重要的工作，辅导员可以通过"从楼上到楼下""一人到几人""宿舍到宾馆""清除伤害物""辅导员到家"来将危机学生对自我和他人的身心伤害降到最低。

根据学生发的信息，辅导员当即联系学生班级所在的学生干部，了解学生目前所在，找到学生确认学生安全。当天辅导员在教学楼里找到哭泣的小邓，后来在班长及室友的陪同下，他们在寝室一楼宿管阿姨处待着。在这个监护过程中：①家长到达学校之前，看护工作必须是 24 小时监护。②在看护学生时，要至少有两人同时在场，保证必要时两人交替工作。反复强调，同寝室同学将房间里面的高风险物品如剪刀、水果刀等物品收齐给辅导员，同学们晚上入睡时要注意警醒一些，且寝室内成员轮流陪伴小林，不让其独处。

第二步，及时报告。

辅导员识别到学生处于危机之后，要及时跟学生交流，确定他现在所面临的现实困难或心理困境问题，从当事人的角度出发，确定和理解当事人所面临的问题。同时辅导员需要从行政角度出发，将情况第一时间报告给院系主管学生工作的党委副书记，听从学院领导安排，及时上报学生处。确认学生情况后，第一时间向学院上报，学院联动学校各部分力量，特别是保卫处在寝室楼下随时待命。

第三步，初步评估。

辅导员可根据心理专家徐凯文提供的"自杀自伤评估表"对学生情况进行简易评估。小邓当天情绪异常激动，大声在楼道宣泄自己的情绪，存在哭泣、咆哮的情况。小邓从小在家不被重视，曾在高中时患有抑郁症并发生过跳楼的想法，在大学上学期间喜欢独处，寡言少语、性格强势，有时候很自负，和寝室同学相处一般，只跟其中一个有较深度的交流。总体而言，小邓现在处于一个高风险的状态。

第四步，通知家长。

辅导员必须与危机学生的家长进行联系。在突发情况后，辅导员第一时间与学生家长联系，询问学生最近与家庭沟通的情况、家中是否有突发事件、他们对学生最近状态的了解情况等内容，并就学生情绪异常表现、学院针对性工作、可能原因分析向家长通报，进一步探查原因，告知家长学生存在自我伤害的风险，请求家长的配合，协商问题处理对策；取得家长的理解和对工作的配合，让其安排家人来到学校，和辅导员、心理中心老师一起面谈学生情况，并建议送医；希望家长在与学生相处的过程中更多关心、对她照顾，也进一步交代家长在与小邓同学的相处中需注意的事项。

第五步，送医就诊。

心理中心与辅导员经过多维度评估后，建议送医。为减少就医困难，联动心理中心对接专业医院及时转接到专科医院进行诊断。

第六步，持续跟踪。

辅导员要与学生保持联系，经常关爱。在学生休养期间辅导员和小邓保持经常的联系，关心她，鼓励她战胜疾病，使她感受到学校温暖，尽快恢复健康。对于家庭贫困的学生，学院以学生为本，适当给予经济补助，解决现实困难。小邓最终在家长的陪伴下，寻求专业医生的帮助，在家校的共同努力下，在学期末情况有所好转。

第七步，材料归档。

辅导员在开展学生工作的同时，也需要做好工作记录。学生危机状态解除后，辅导员需对相关材料进行归档、保存。

四、结果与启示

在"心理危机干预七步法"的指导下，辅导员完成了急性心理危机的干预，小邓经过一个寒假的休息、调整后，情况基本稳定，目前能正常地学习和睡觉，对今后的学习和生活充满信心。

启示：心理危机干预是一条非常艰辛的路，在这条路上，增加一些心理学知识，对辅导员及时有效地干预学生心理危机能发挥巨大的作用，辅导员平时可以多学习和巩固心理学知识。在日常工作当中，多布"眼线"，时刻关注学生的朋友圈、QQ状态，尽早发现危机苗头；处理过程中，及时沟通上报获得增援；及时通知家长，以问题学生为中心，真诚帮助学生，想家长之所想，打消家长的各种顾虑。

案例 16 总在微笑的你,是真的快乐吗?

导语: 抑郁症患者并不一定看起来都是郁郁寡欢的。郁郁寡欢,是一个对抑郁症患者的刻板印象。很多开朗爱笑的人,内心可能都正在经历巨大的痛苦和煎熬,这也被称为"微笑抑郁症"。有"微笑抑郁症"的人通常是为了不影响工作和他人而刻意掩饰自己的情绪,强颜欢笑,这种"微笑"并不是发自内心的真实感受,而是一种负担。这部分学生更需要引起辅导员重视,其一旦发生危机就是重大危机。

一、基本情况

小强,男,大四学生,自大一起长期担任班级班委和学生会干事,目前为班级学习委员。该生成绩优秀,上学期期末考试班级排名第六,性格较为平和,在与老师和同学相处的过程中,一直都比较融洽,与班级男生和女生关系都较好。在同学们的眼中,小强平时表现外向开朗、爱说爱笑、积极能干、乐于助人,对待同学热情友好。大三下学期,小强确定了考研的目标。大四第一学期末,某天晚上突然接到学生干部电话,小强在寝室里服用了过量晕车药,已经发生昏厥,现在在送医洗胃抢救,需在ICU进一步观察治疗。小强在服药前还在朋友圈里发布"微笑只是一种表情,不是一种心情。你们看到的那个微笑的背后,是认为自己已经无药可救的绝望。我经常在白天笑得像个疯子，晚上哭得像个孩子"文字。据室友反映，小强在大四开学后，许多行为表现都变得有些异常，经常在宿舍，玩游戏、看视频的情况较多，并没有进行系统的复习，经常晚睡；在床上玩手机，白天起床较晚，吃外卖较多；与家长日常联系多，一直声称在准备考研复习中。

小强自幼父母离异，自有记忆起小强就在父母争吵的环境下长大。父亲长期沉迷喝酒，父母关系逐渐恶化，醉酒后的父亲还会对母亲和他拳打脚踢。母亲因为父亲酒后家暴等情况而选择离异，远离家庭不再出现在小强家人面前。小强在初二时，父亲再婚，次年出生了一个弟弟，此后家庭全部的重心都在弟弟身上了。自弟弟出生后，父亲、继母、弟弟3人在深圳打工。前两年父亲酒驾撞人，导致家中背负了20多万外债。小强也被继母打发，跟着爷爷奶奶一起生活。爷爷年龄较大，为了家庭生计及还债身兼数职，极其劳累。看到爷爷遭受的疾苦，小强多次劝说父亲，不愿看父亲喝酒堕落，但父亲没有任何改变。一看到父亲的样子他就特别不舒服，也曾想过要用死的方式让父亲回心转意，但好像没有任何的意义，在父亲看来就，算你死在他面前对他也产生不了什么影响。小强自从知道父亲沾染酒瘾就试图通过自己的努力挽回父亲，挽救家庭，甚至在初中时试图通过伤害自己来引起他爸爸的注意，逼迫爸爸戒酒，回归正常生活。奈何自己年纪太小了，于事无补。之后小强形成了一种习惯，每当他觉得心情低落，压抑时都会选择刀片割自己的胳膊。小强内心深处一直有一个愿望，即通过自己的努力让家庭摆脱现状，所以他刻苦学习，考上大学。来到大学以后，他努力上进，积极实践锻炼自己，表现出阳光、健康、向上的样子。小强与爷爷的关系特别好，经常打电话回家。但是小强不想让爷爷担心所以也不敢和他们说自己的情况，只向他们展示自己阳光的一面，长期得不到宣泄的负面情绪积累下来，形成了巨大压力，导致小强的内心被黑暗吞噬，一点一点崩塌。期末跟爷爷一次通话时得知，父亲又在喝酒耍酒疯把家里砸的稀烂，经济上又困难了一些。对父亲的这种无法改变的行为，小强彻底地心凉了。他觉得失去了活着的意义，爸爸遮住了他的整片天空，整个世界都变得黯淡无光。于是他又一次割了胳膊，但是这一次无论流了多少血都不能让他的心情舒缓下来，他就试图通过另外一种身体上的疼痛来缓解精神上的苦楚。同时写下那朋友圈，将本来回家坐车用的晕车药一股脑地全吃了下去。家庭的支离破碎，也让小强对婚姻产生了强烈的不信任感。据宿舍同学和班级关系较好的同学反映，小强从未结交过女朋友，曾隐晦地表露过在爱情观和性取向方面有同性恋的倾向。后来我们才了解到小强在上半年谈过一个男性朋友，但因为价值观等问题分手，情绪不是很好，并开始抽烟。在当下环境下同性恋爱问题可能也对情绪有些影响。小强在我的印象当中，是一个非常有礼貌、懂事的男孩子，热情、开朗，也非常主动跟人打招呼；担任班委期间都非常有责任心；个性要强、心智较成熟，一个典型的大学生模样。

二、原因分析

小强外表开朗、坚强，在生活中也不拘小节。但他虽然看上去积极阳光，表现得乐观开朗，实际上内心却非常悲观沮丧，把微笑当作掩饰的面具，强颜欢笑来演示自己内心真正的情绪，这是典型的微笑抑郁症。"微笑抑郁"并非一种精神疾病的诊断类别，它是一类抑郁症患者对自己病情的反应模式。心理学家将其形容为"人前表现开心，内心却承受着抑郁"。虽然表面他们看起来阳光积极，但实际上每天都在低落情绪的漩涡中挣扎，在他们阳光开朗、积极乐观的表象下埋藏着一颗抑郁痛苦的内心。微笑抑郁如果不及时进行有效疏导和管理，长期积累对人的身体和精神都会造成很大危害，比如会导致人食欲减退、失眠或是睡眠质量低下、浑身乏力、反应迟钝等。如果这种情绪长期找不到发泄的出口，被情绪困住的人很可能会悲伤、绝望、厌世情绪泛滥，出现自残、自杀等倾向。而小强出现微笑抑郁的主要原因有以下几点：

（一）复杂的家庭环境使小强心理负担加重

父亲的不负责行为与极端情绪波动，给小强造成了身体上和精神上的双重打击；自小母爱的缺失、弟弟的出生，也使他在家庭中缺乏安全感和获得感。小强深受原生家庭的影响，父亲的一系列不负责任行为给家庭、孩子造成了身体上、精神上以及各方面的多重打击，整个家庭生活的希望彻底破灭，让其看不到未来、看不到希望，想要逃离，造成心理上极大的厌恶、愤恨、绝望。而从心理层面来看，小强从小家长父母角色就缺失，家长对其内心及情绪变化从不关心，家庭当中缺少心灵沟通。家人的冷漠让他长期缺乏亲情，安全感、获得感极低。

（二）缺乏情感支持与理解，导致心理困扰与孤独感加剧

父亲只关心弟弟的生活与学习，对小强是忽视的，对小强缺乏足够的情感支持和理解。而情感应激事件，也成了压死骆驼的最后一根稻草。自与男性朋友分手后，小强内心世界再次崩塌，无法寻找到一个精神寄托。

（三）当事人个性问题原因，思维陷入死循环

当事人内心矛盾，思维陷入死循环，不想向其他人表露自己的脆弱，假装坚强硬抗，给自己戴上一个个厚厚的微笑面具。他不敢真正地表达自己的情绪，只能笑脸相迎，给人阳光、快乐、充满激情的感觉，夜晚卸下伪装的面具后却独自在角落里舔舐伤口。遭遇如此打击，他的内心有对父亲的怜悯、愤恨，又夹杂着对家庭的无助和自责，在如此复杂的内心矛盾的影响下，他又找不到情绪宣泄口，最后陷入死循环，通过伤害自己的方式来缓解心中的痛。

三、处理策略与过程

（一）及时处理突发事件

首先，辅导员在事情发生后第一时间赶赴现场及时拨打 120 急救电话送医，途中布置好学生干部处理现场，保护好学生隐私，控制好舆论。待基本工作结束后，马上告知家长，及时报告领导。最终由于发现、处理、送医及时，没有造成严重后果。小强现在生命体征平稳，意识清醒，但是存在情绪问题，不愿意与外界交流，需要继续在医院治疗和观察 2～3 天。他父亲当天第一时间来到进入病房，在得知小强的情况后，情绪非常激动，不能接受孩子的现状，一度要将学校告上法庭。学院相关领导也赶到医院了解情况，与家长进行了沟通和交流，安抚家长，并向家长表示，积极配合家长，探寻事件发生的原因。学院在毕业后续事宜方面密切与学生配合，在毕业实习和毕业论文方面进行合理安排，解决其后顾之忧，并积极与校医院对接，处理在治疗过程中产生的费用的医保报销事宜。

（二）以家着力，疏解情绪解决根源

解铃还须系铃人，家庭是解决小强问题的关键。为了帮助小强彻底摆脱心理困扰、回归正轨，辅导员着力于转变家长思想认识。在小强病情稳定并且学院提供帮扶学业、就医事宜等现实帮助之后，辅导员就其父亲过往的行为给家庭、孩子带来的压力与之进行了深入的交谈，小强父亲也逐步意识到自身存在的问题，并承诺戒酒事宜。同时父母认识到了小强心理问题的严重性，需要及时去精神专业医院医治的急迫性，平时需要多关心、关注、关爱小强，借助专业心理医生的力量，通过药物和心理辅导进行正规、系统的心理治疗。

（三）以爱灌注，着力未来发展

辅导员要通过倾听来换位思考，产生共情，引导小强正视自己的心理问题，积极主动配合治疗；同时耐心引导他放下过去，用健康向上的心态迎接美好的新生活。

四、效果与启示

小强被专业机构诊断为中度抑郁症（微笑抑郁症）。经过积极、系统的治疗与学校的帮助引导和鼓励，小强逐渐恢复，甚至变得强大起来了。在老师引导、朋辈帮扶及身边榜样的影响下，小强逐渐树立起对美好生活的向往，开始规划自己的学业生涯、职业生涯、人生发展，并确立了接下来的目标，现在的他已经参与实习工作了。

启示：家庭是学生心灵的港湾，也是诱发学生心理问题爆发的集散地。每一个学生都凝聚着一个家庭的幸福和希望，我们必须要高度关注，齐心协力，行动迅速，尽最大努力避免悲剧的发生。高校辅导员应认真核查学生档案当中的家庭信息，精准掌握家庭情况特殊学生的情况，并密切关注。而当特殊学生发生特殊事件时，高校辅导员应敞开怀抱，让学生时刻感受到辅导员与他们同在，用真心真诚真爱让学生放下伪装，正视问题，健康成长。

案例 17　约谈化危机，共保生平安

导语：学生心理普测是大学生心理健康教育的重要组成部分。学生在入学后要进行心理普测，学校要对检测出来存在心理问题的学生开展心理约谈工作，建立心理档案，做到"一生一策"。学校通过开展心理普测与心理约谈，能够及时了解学生的心理健康状况。这对于提升大学生心理健康教育工作的针对性和有效性具有非常重要的意义。

一、基本情况

根据学校的整体安排，学生小 C 入学当年进行了年度心理普测，本次心理普测采用的是"大学生人格问卷"，简称 UPI。该问卷共 60 个问题，包括身体健康、自我意识、情绪情感、学习心理和人际交往等多个层面。学校心理中心对学生的 UPI 问卷结果进行分析。学院根据 UPI 的评判标准进行综合分析，筛查出需要关注的心理预警名单。学院将根据心理预警名单开展针对性的辅导工作。但新生在心理普查过程中的某些因素（如学生测试不认真、测试伪装等）会导致的心理测试的不准确性，因此 UPI 并不能完全如实地反映学生的心理问题。在学校心理中心的要求下，辅导员需要开展学生心理约谈工作。其目的在于：核实心理测试反映出来的问题的真实性；以心理约谈为形式，对心理预警名单里的学生进行积极关注。

学生小 C，在年度心理健康普测中，UPI 得分 41，选择了 25 题。根据心理中心的标准化约谈步骤，为避免学生本人对心理约谈的抵触情绪，以及其他学生对被约谈学生的误解，辅导员老师在通知其心理约谈时，避免直接告知因其心理测试有问题所以要进行心理约谈，而是采用"随机抽取""辅导员谈心"等方式方法来开展约谈工作。辅导员在微信当中询问小C，说明邀请目的"今天有时间吗？今天和你有个小的交流，主要是想了解一下你的大学适应情况。"在获得肯定回复后，辅导员当天下午在办公室与小C进行了心理约谈。

（一）约谈中，我最先了解学生基本适应情况

辅导员通过访谈了解学生进校后对大学生活的适应情况，如学习、生活、人际交往、情绪情感方面、家庭经济状况、个人自我评价、现阶段的困难等内容。小C是家中独女，进入学校以后未参加社团、未竞选班委，平时自己玩，较少与他人接触；学业上追求不高，学业动机不强，只求能够及格就行；对情感持否定态度，没有谈恋爱也不想谈恋爱，未来也不想成家生孩子。父母均为公务人员，家境较好，父母对其要求严格，希望在校积极上进，未来考研，平时与父母联系较少，与外公关系较好，因外公愿意倾听。父母对自己评价不高，不能接受她的负面情绪；有时候堂哥堂弟在家中，父母对他们更上心，让她很嫉妒。小C自述自己较为敏感，四五岁时就会察言观色，能看懂父母的内心言语，按照父母的愿意去假装生活，在小时候就会做一些让家人开心的事情，比如放弃报画画班，选择报妈妈喜欢的奥数班，虽然自己还是喜欢画画。

（二）了解学生心理测试结果的真实性与可靠度

在这个过程中，我尽量用开放式问题提问，"我校前不久为新生做了一个心理测查，你是怎么看待的？当时是否认真按照自己的真实情况填写呢？"学生较为真诚地表示，这就是最真实的测试，没有伪装，反正家里人也知道她的情况。她对自己的状态也非常有认知，觉得自己有问题，父母也知道有问题，但是父母特别爱好面子，虽然在当地有认识做心理工作的朋友，就算知道她有问题，也不会向其他人寻求帮助。

（三）深入了解访谈学生最近的情绪状态、睡眠状态、是否有过负性生活事件等

在这个过程当中，我发现学生的情绪状态或睡眠状态比较糟糕，在表达关心的同时，也再次询问学生是否有自杀想法进而评估其自杀危险性。"这些轻生的念头是什么时候出现的？出现有多频繁？持续了多长时间？""你以前有没有轻生的行为？"在这些问题提出来以后，小C坦然地看着我说到，初中时就觉得人生没有意义，后调整心态，努力考上了好的高中，高考后无人生目标，感觉人生没有意义，在这年8月曾想要自杀，因楼下一小孩来回走动怕误伤无辜于是作罢。曾在家中有用剪刀自残，父母看到了，反而是笑着说"你怎么不插进去"，让她感觉内心寒冷。小C在叙述时伴有强烈的哭泣，她一直在重复"你怎么不插进去"；像小C这类的按照父母的要求生活，像是戴了很久的面具，父母也只接受戴面具的她，不能接受面具背后的她，会对面具背后的她进行教育。

二、案例分析

小C学习没有动力，生活没有追求，也没有任何感兴趣的事情，甚至与他人的交流和接触也越来越少。像小C这类的学生的状态可以概括为无理想、无斗志、无生机、无价值感，老师用尽办法也无法激发起他们的积极性和力量感。他们认为自己过着被规划的人生，哪一年做什么事情，得到什么结果，都已被规划好。他们正在踏上一条刚刚开始就知道终点的道路，即使他们不喜欢，觉得无趣，也不能放弃。对生活没有目标、动力、兴趣、感受，这种症状往往被称为"空心病"。空心病看起来像是抑郁症，情绪低落，兴趣减退，快感缺乏，常常被诊断为抑郁症。但它比抑郁症更为可怕的是，所有的药物都对它无效。他们会有强烈的孤独感和无意义感，有强烈的自杀意念。他们不是想要去死，而是不知道为什么要活着。

"空心"这一说法，贴切地解释了"内心空洞和精神虚无"的感觉，其核心在于缺乏生命意义感和存在感。

三、处理策略与过程

（一）科学危机评估

根据徐凯文自杀风险评估表，辅导员分别从 5 个维度对学生进行自杀危险性评估。辅导员一边约谈，一边按步骤评估学生"具体的自杀计划和可执行性、有没有过尝试自杀的经历、是否有难以应对的现实压力、自身应对压力的资源、是否患有精神疾病"等。通过评估我意识到学生已有自杀行为，但学生自述目前阶段"还没有学好专业，目前没有自杀打算"，整体而言有较高自杀风险，需要做好心理危机干预方案，联动多方力量共同处理。

（二）保证学生安全

在上报学院之后，辅导员立刻与学生的家人取得联系并告知学生心理状态，与家长协商共同帮扶学生适应学校生活。

（三）签订不自杀协议

学生自述目前阶段"还没有学好专业，目前没有自杀打算"，因此顺着这个话题，我与学生仪式性地签订了不自杀协议。协议的重点在于当学生有自杀想法和风险的时候，不去实施这个行为，而且这里面专门提到了将外公、辅导员设定为紧急联系人，在她有强烈的自杀想法的时候，确保她可以及时找到人陪伴。

（四）积极鼓励提供资源

辅导员在约谈当中提醒学生，人在适应的过程中出现一些心理的苦恼与心理困扰是一种正常的心理表现，只要及时进行调整，积极适应新的生活，相信学生有能力与力量会成功地度过危机。同时，告知其大学生心理中心地址与预约电话，将心理中心的紧急联系电话作为紧急联系人预案，让她要承诺会跟心理中心咨询师联系。

（五）强化学生自助能力

在约谈当中，辅导员积极引导学生发现自主能力，发展社会关系，去做自己感兴趣或有意义的事情，"找回人生的意义"以应对"空心病"。首先，学生回忆过往当中，发现在自己情绪崩溃的时候，经常一个人出去旅游散心，效果良好。其次，学生特别喜欢摇滚音乐、弹奏乐器，因此找一些相同爱好的人，与这群志趣相投的人相处，分享自己的热情，也会在无形当中进一步促进其生命意义的生成与深化，找到她曾经体验到的真善美和爱，并获得归属感。最后，学生还想再多看看偶像，特别喜欢某明星队，在追星的过程当中，也获得方向感，在完成追星的过程中感受生命的意义。

四、结果与启示

经过 1 次心理约谈，辅导员及时发现了学生危机，并通过约谈赋能，及时帮扶学生适应生活学习。经过持续 1 年多的帮扶与跟踪，小 C 积极发展个人摇滚事业，正准备以独立音乐人的身份进入未来生活。

启示：心理约谈是核实学生是否存在学生心理普查中发现的心理问题。约谈就是一个识别、筛查的工作。辅导员需要按心理约谈步骤，重点关注、排查极端三类学生：有自杀倾向、攻击倾向、有精神障碍的或重性精神疾病的学生，并对这部分可能存在心理问题的学生主动提供帮助（如情感支持、提供心理资源、现实帮助等），同时对学生在现实生活中的成长或自我修复进行欣赏与肯定，从而进行心理赋能。

第四篇

人际情感篇

案例 18　换位思考，共建边界

导语：宿舍是大学生最容易产生人际冲突的地方，宿舍文化氛围会影响学生的归属感、学业成绩和心理健康。对于大学生来说，学会与舍友和谐共处，既有助于提升其学习生活氛围，也是其构建人际关系的第一挑战。因此，面对学生宿舍发生矛盾时，我们应该谨慎处理。

一、基本情况

小 A，男，班级心理委员，寝室长，性格内敛，家庭经济困难学生，日常消费较低。小 B，男，性格开朗活泼，为小 A 同班同学。某日上午，小 A 向辅导员老师倾诉，称自己的室友小 B 不顾其他人的感受在寝室白天和晚上均长时间开空调，温度控制在 20 度左右，长期的低温导致自己着凉感冒。长期开空调一个是会感冒，另外一个就是会产生非常高的电费。这让小 A 本来不多的生活费就有点吃紧了。寝室其他两位同学也不满意，但是还在可以接受的范围之内。所以他希望辅导员能够让小 B 不要这样子。辅导员听完后，本着内部协商的原则，先建议小 A 当天晚上与小 B 耐心沟通，晓之以理，动之以情，相信小 B 能够理解小 A 的想法。但是当晚在沟通中两人因争夺空调遥控器产生了肢体冲突。双方有了一定的隔阂。次日上午，小 A 请求辅导员老师协助更换寝室，认为室友之间存在不可调和的矛盾，因为小 B 一直坚持开空调是因为觉得宿舍闷，自己身体胖，夏天热，开空调自己并没有错。自此，两人虽在同一个宿舍，但不再有任何交流。因承受不住宿舍氛围的小 A，向辅导员提出调换宿舍。

二、案例分析

此案例反映的是辅导员对学生宿舍矛盾的介入和处理等问题。一直以来大学生宿舍矛盾都是高校学生在校生活的主要问题，不容小觑。和谐的宿舍关系既能给大学生带来愉悦的心情又有利于良好学习环境的形成。造成大学生宿舍人际关系不佳的原因有：

（一）宿舍成员间的个体差异

世界上没有两片一样的叶子，也没有一样的人。宿舍中的每个成员都有不同的成长背景、不同的地域习惯、不同的家庭环境、不同的经济基础，并由此形成了不同的性格、不同的生活方式、不同的价值观念。这些不同的人，随机分配到了一个狭小的寝室空间当中，产生矛盾也是难免的。

（二）宿舍成员间缺乏换位思考

独生子女容易从自我出发，形成以自我为中心的价值观念，缺少责任意识、集体观念等。因此宿舍成员间的沟通容易错位，如果没有及时有效地沟通，没有互相表达出自己的想法和观点，长时间累积的不满情绪会导致寝室冲突的爆发。

（三）宿舍成员间缺少边界感

在人际交往中，我们对自我、他人的权利和责任的范围都有自己的界定，这就是心理边界。一旦边界不清晰，或对方跨过了边界，自己就会感觉受到伤害。当感受到边界被侵犯时，我们要及时进行沟通或表明立场，才能防止对方形成习惯，从而避免负面情绪在多次累积后爆发成冲突。

三、处理策略与过程

（一）安抚情绪，降低伤害

作为入职多年的学生辅导员，我发现学生宿舍矛盾时常发生。当发生学生宿舍矛盾时，宿舍成员之间往往会减少交流，甚至整间宿舍都会处在一个压抑的氛围当中。长期的宿舍矛盾，会对学生的身心健康造成一定的伤害，让学生变得情绪低落、敏感自卑、不自信。因此，当发生学生宿舍矛盾时，辅导员要安抚学生的情绪，关心爱护学生，给予学生积极的引导，告知学生，宿舍矛盾的发生并不意味着自身性格有缺陷，仅仅是因为大家看法观念不同而已。人与人之间，不能和谐相处，也仅仅是因为性格不同、磁场不合而已。而在与小A的谈话过程中，我也已经明显感受到小A的情绪异常低落。因此，辅导员在处理宿舍矛盾时要时刻关注学生的情绪动态，安抚学生，降低因宿舍矛盾给学生带来的伤害。

（二）创造空间，包容差异

辅导员不是以个人为工作目标，而是以宿舍为单位。其可以召集该宿舍的全体成员了解情况，引导学生互相尊重，换位思考。有问题不可怕，有问题时，双方需要敞开心扉，积极面对，及时解决和沟通，不能一直藏在心里，让问题逐渐扩大化，影响彼此之间的感情。因此，我专门在办公室，引导寝室几位学生认识到不同生活背景下个体的差异，大家在彼此尊重的前提下，换位思考，不能用自己的价值尺度去衡量他人。在与整个寝室交流的过程中，我让每个学生都充分表达了自己的想法，阐述自己这一生活习惯产生的原因，对自己的生活习惯进行反思，寻求几个人生活习惯的共同点与平衡点。在交流中，小A了解到小B需要长时间开空调是因为身体怕热；小B也意识到自己长时间开空调给小A带来了经济负担，双方都站在对方的立场上进行思考，也认识到自己的错误。

（三）倾听心声，满足诉求

当发生学生宿舍矛盾时，经过辅导员的介入开导以及双方的深入交流之后，双方虽然能够平和地处理此事，但是曾经的伤害已经造成，若他们还是希望能够换一个环境，转换一下心情，辅导员也需要好好倾听学生的心声，满足学生诉求。经过对小 A 和小 B 的问题调解，双方表示可以再继续相处一段时间，但如果还是不能消除隔阂，希望能够调换到一个新的宿舍。因此，辅导员为了学生的身心健康，也为了学生能够拥有一个阳光快乐的大学生活，根据学生的诉求，也应将情况上报反馈，尽量满足学生诉求。

（五）寝室公约，共建边界

以此次宿舍危机为契机，辅导员引导宿舍内成员根据实际情况以及个人需求，制订并履行和谐宿舍公约，引导学生养成良好的生活习惯，营造文明和谐、干净整洁的寝室文化，以促进宿舍和谐，减少宿舍矛盾，增进同学情谊，增强宿舍凝聚力。

四、结果与启示

一个学期后，冲突双方都未提出换寝室。辅导员多次走访宿舍时，发现双方互动良多。据其他舍友反映，他们在宿舍里有说有笑，还经常约着去上学，偶尔外出聚餐。

启示：因为宿舍关系的特殊性，辅导员应当在新班级或新宿舍组建之初就开展"寝室公约"活动，同时在学生入学之初，积极召开主题班会，引导学生在与舍友相处时，互相包容、互相理解，舍友之间存在问题时，要及时沟通解决。辅导员在日常学生管理中应多走访学生宿舍，及时发现宿舍矛盾，尽早预防干预。在解决完宿舍矛盾后，辅导员也要继续走访，了解调解的效果，对学生问题做到了然于心。

案例 19　有一种爱叫放手

导语： 恋爱是检验一个人成熟程度的试金石，也是一场促进个人成长的心理旅行。恋爱容易，失恋难受，大学生因为失恋引发心理问题的情况非常常见。辅导员及时发现、干预能避免学生失恋问题的恶化。这也是辅导员心理健康教育工作的日常课题之一。

一、基本情况

小熊，大二学生，女，本地人，该生大一至大二上学期表现良好，无旷课违纪行为，担任学生干部，性格外向，沟通能力较好，与室友关系和睦。某日，辅导员接到保卫处电话反映小熊与前男友存在情感纠葛问题。接完电话后，辅导员主动到寝室联系学生约谈。在约谈当中，辅导员进一步发现，小熊与男友相恋一年多，男友为学院另外一位辅导员带的同年级学生。因为社团有共同的兴趣爱好且是一个县的老乡，慢慢接触后两人相恋。两人热恋期间，小熊还带男友一起回家过年，双方见过父母，在心里面小熊认为自己会与男友一直走入婚姻。在相恋的过程当中，两人也有过为琐事争吵的情况，每次均以小熊"要不要我死了"之类的话语来结束。上周小熊又与男友因为小事争吵，之后男友坚决要分手。小熊多次挽回也无济于事。她非常不能理解男友坚决分手的理由，"上周我为了和男朋友看校园演唱会，把自己的事情推掉了，然后等他下课，一起吃饭，等了半个多小时，没想到他已经买了吃的回寝室了。然后我就打电话给他，语气好像说重了一点，他就手机关机。后来我一连发了7条短信。然后又让宿管阿姨找他，他也不见我，再后来我就说冷静两天。两天后，他说我想好了，我们不合适。所以我就非常想不通，以前他也有很多事情做得不好，我都能够容忍他，他现在却不能够容忍我，我也承认我的脾气不太好，但现在我和他都处于不成熟的阶段，他却不能包容我，所以我非常地想不通。而且我真心投入这么多，到头来却是这样的一个结果，我想不通。"因此小熊试图通过用"纠缠""威胁"的手段来挽回情感。男友不堪骚扰，甚至通过打保卫处电话的方式来与之划清界限。小熊目前感觉自己失恋的痛苦情绪无法排解，对于分手的事实无法接受，甚至一度认为是男友有了新欢。在交谈的过程当中，辅导员也策略性地询问了小熊的自杀想法与念头，进行简单的自杀危机评估。小熊并无表露自杀意愿，但已经连续很多天没有食欲，失眠，整天浑浑噩噩，无心学习，不想与人交流。同时为挽回情感而恐吓男友，且对男友的决定有一些不满与指责，因此，不排除有对他人造成伤害的可能性，因此辅导员仍认为需要密切关注该学生。

二、案例分析

这起学生案例涉及的其实是大学生非常普遍遇到的问题：恋爱问题。这也是一起典型的学生心理危机事件。案例中该生因分手感到痛苦，且是由恋爱对象先提出分手，因此该生非常地想不通，产生不满情绪。

（一）家庭方面因素

该生初二时父亲去世，父爱缺失导致其严重缺乏安全感、归属感和亲密感。其潜意识深处，有一个非常大的心理黑洞，对关系非常看重。因此在一段关系即将失去时，会不断用哭闹等行为来绑架自己的亲密关系，从而满足自己内心的精神需求。同时，母亲务农，无法理解该生的想法并对其进行劝阻，小熊无法从家庭获得情感和精神的支持与帮助，这是造成该生恋爱失败后产生心理问题的重要原因。

（二）个人方面因素

该生智商较高，学习能力较强，学习成绩一直排在前列，但是心理承受能力较低，对失恋缺乏合理认知，对恋爱的挫折应变能力较差。在情感方面，她的行为表现犹如一个尚未长大的孩子。在恋爱中她缺乏处理问题和冲突的能力，失恋后又无法接受失恋事实。恋爱是双方的选择，不能一味地把过错推给对方。

三、处理策略与过程

（一）启动危机干预程序

鉴于学生可能有自我伤害的打算以及有伤害他人的打算，比如网络发贴让男友身败名裂，或是有想过去男友寝室打骂他，学生有一定风险性，需要立即启动危机干预程序，联动多部门力量共同处理。首先，辅导员对该同学的人身安全采取保护措施，让寝室同学 24 小时关注。其次，与该生家长及时联系，向家长说明该生的情况及严重性，要求家长尽快来学校并送该生去专业医院接受专业治疗；建议家长与学生多交流、多陪伴，同时与学校建立良好的互动模式。最后，主动与该生的任课老师取得联系，说明该生情况，申请给予批假。尤其强调该生回校后，任课老师要关注该生的课堂表现，如发现异常及时与辅导员联系。

（二）处理学生失恋情绪

失恋，特别是被动失恋，是人生当中的一个重大应激事件，会让当事人产生强烈的负性情绪。小熊在失恋后，夜不能寐，感觉愤怒，心中的爱变成了恨；压抑情绪，产生深深的失落感和心理创伤感，觉得生活没有多大的意义等。每天沉浸在强烈的负性情绪旋涡当中无法抽离。在与小熊的交流过程当中，辅导员着力以"悲伤五阶段"理论引导学生转变对失恋的负性情绪与认知。小熊在失恋的不同阶段的反应都是正常反应。小熊否认分手事实，表现出回避、拖延、疯狂忙碌或不断表示自己很好，选择性地把事情藏起来，也不愿面对残酷的事实。然而随后就愤怒自问为什么要允许自己被这样对待，为什么要选择这样一个人。愤怒过后，小熊也开始思考如何让结果不那么坏，不断地想用各种办法来挽回，反复思考的过程可能会让其变得焦虑、愧疚、自责。现在小熊已明显地慢慢进入到了第四阶段，沮丧，意识到了失恋的事实，知道即使百般挽留也没用，因此痛苦再次来袭，表现为抑郁的状态。而辅导员现在做的，是引导小熊慢慢去接受失恋的事实，要活在当下，接受一些外在现实和自己的状态并正确面对它。

（三）协助学生面对实现

为了更好地协助学生面对现实，畅想未来，辅导员联系心理中心，寻找专业心理咨询师，从侧面为学生提供现实资源，联合专业力量，促进小熊对亲密关系的领悟。同时将《爱的五种语言》等心理科普书推荐给学生阅读，提升学生爱人的能力。

四、结果与启示

目前，在学院领导的关心下，在辅导员、心理咨询师、任课老师和室友的关心和帮助下，该生每两周定期去专业医院复查，并积极配合心理医生的治疗，情况稳定。本次学生心理危机事件中，辅导员通过及时发现、干预避免了事情的恶化，做到了心理健康教育的早发现、早报告、早研判、早预防、早控制。

启示：象牙塔的恋情，在高校里是一个普遍存在的现象。情感问题，不但会严重影响学生的心理健康，还会诱发极端事件，影响校园和谐与稳定。爱是一种艺术，也是一种重要的能力。在对恋爱问题学生进行辅导时，辅导员要秉持关心爱护每一位学生的原则，对其予以重点关注；从原生家庭关系入手，着力引导学生在恋爱中成长，通过恋爱不断自我觉察与成长，不断提升心理承受能力。

案例 20　受重压的种子能开出更芬芳的花

导语：残疾学生天性心思细腻，自尊心强，辅导员应该重视以及呵护其学习、生活、思想等各个方面。辅导员要深入了解并分析其真正需求，全程要细心耐心，保证能够真正帮助他们实现理想；真正了解学生内心所想，尊重他们、理解他们、关爱他们，想学生之所想，有针对性地进行引导和帮扶。

一、基本情况

小王，男，本地学生，父母自小双亡，由伯父抚养。他小时候患有小儿麻痹症，走路稍有问题，体形消瘦。小王个性独立，目前与大四学生混寝。从本学期开始，辅导员发现小王身心情况很差，情绪不稳定，并且存在长时间失眠，没有食欲，进而对其予以重点关注。小王因为身体疾病再加之家庭因素，对自我认知偏低，伯父家人对他很好，但他总感觉自己是他们家的负担，因为担心自己会给家人带来更多的负担，便没有及时与家人沟通，选择独自一人承受巨大压力。看着身边同学都能够很好地开展体育锻炼，小王只能通过看一些体育比赛来缓解对体育的热爱。另外，小王曾经也有心仪的人，但总觉得自己不够好而不敢想关于情感的问题，只能把那份情感放在心中。进入大三以后，随之而来的学业压力以及未来的就业压力让他愈发自我否定。目前挂科 5 门，加之突然对于自己身体的格外关注，小王长期处于紧张与担忧的情绪之中，有时候还会担心自己哪一天就会生什么病死掉。对于未来，小王不知道是找工作还是考研，感觉自己找工作也不行，考研也没有能力，整天过得很迷茫。他感觉自己仅仅是在艰难的活着，数着时间，一分一秒，伴着焦虑、失眠、恐慌。

二、案例分析

残疾学生由于缺乏自信、敏感多疑，在校学习期间易产生人际交往边缘化、自我效能感低下、就业困难等问题，但同时也有擅长观察、工作细致等优点。这在小王身上表现得非常明显，一方面，小王身体的残疾给他带来了无数的困难，然而他却能在逆境中不屈不挠砥砺前行。和小王接触过的老师同学都可以从他身上感受到一股坚韧的向上的力量，这股力量带给他身边的人一种正能量，从而被他感染向着积极的方向发展。另一方面，辅导员发现小王对身心健康表现出持续担忧，社会支持系统较少，无人可诉；缺少职业规划，对未来的不知所措，导致出现了焦虑恐慌、无助、抑郁、迷茫等心理症状；出现失眠等生理症状持续时间超过半年，身心问题较为严重。因此，辅导员需要综合运用教育学、心理学、管理学等相关知识帮助他顺利完成学业，同时需要针对其特点，有针对性地开展学业与就业帮扶。

三、处理策略与过程

（一）扎实开展谈心谈话，促进全过程学习

用自身的经历引导学生学习如何实现自己的目标，让学生学会脚踏实地努力学习以达到自己的期望，不要眼高手低，深刻认识自己所求的目标

道阻且长的重要性。如若学生眼高手低，辅导员需要引导其做好现阶段的学习，发挥学习能动性。注意，不到必要时刻不要采用贬低学生积极性的方式引导。针对学生不知道做什么，辅导员可以以为什么学习为突破点，激发学生内在学习动机。在一番探讨后，小王现在初步定下考取研究生的打算。

（二）提供资助平台，帮助学生获得"三感"

结合学生的实际情况，辅导员在其能力范围内，积极与学院协商，主动向学生提供辅导员助理一职，主要目的在于让学生获得"认同感、成就感、价值感"，"三感"的获得集中体现在三个方面：一是在辅导员助理这个平台上，学生从协助辅导员完成繁琐的事情中，不断寻找处理事情的方式方法，并在完成任务和探索方法的过程中，不断发现自身的胜任力，从而帮助其获得自我认同感；二是在实际工作中，学生需要与不同的老师、同学接触，共同配合完成工作，而这个过程也会让其获得更多人的肯定，从而不断提升自我成就感；三是在调整自己状态后，学生慢慢地发现自己以前体会不到的价值，包括对人、对事的价值，从而提升自我价值感。

（三）长期跟踪，激发学生求助意识

通过走进课堂、走访寝室、节假日慰问等形式，从了解学习生活情况切入，建立良好互信关系，同时不断教育小王学会寻求社会支持系统的帮助，比如学校老师、同学、朋友、家人等，这些都是身边重要的资源；并让学生明白，敢于求助是勇敢者的表现，积极向他人求助有助于解决困扰。

（四）家校联动，共建心理防护墙

在比较全面详细地了解学生当下情况后，辅导员主动及时地与家长联系，一是反馈学生当下的身心状况，让家长知情和放心；二是希望家长能积极主动关心孩子，帮助孩子增加对家长期望的了解，缓解孩子的心理压

力和愧疚感。辅导员通过家校联系，获得了其父母的支持，在解决矛盾方面形成了合力。家长也及时地通过电话向学生了解相关情况，给予学生更多的鼓励和理解，也进一步拉近了学生与父母的关系，让学生感受到了来自家庭的温暖和父母的关爱，在心理上得到了更多的支持。

四、结果与启示

经过长期跟踪，小王非常信任辅导员，在担任辅导员助理期间，经常性地主动交心交流，自我感觉也较为开朗一些。目前小王正在积极备考研究生。

启示：小王的案例并不是个例，辅导员在学生工作中，可能会遇到无数个"小王"。这些特殊学生往往存在自卑、敏感、缺乏足够学业与就业能力等问题，辅导员需要从学生刚步入大学时就保持关注，主动了解特殊学生的困难，有针对性地提供帮助，通过多种途径提升学业与就业技能。辅导员应当深入学生，主动发现困难，要细心地了解自己所带的每一个学生的家庭情况、学习情况、身心健康情况甚至是个人情感情况，只有这样才能"对症下药"，避免一些特殊事件的发生。辅导员要有耐心、有针对性地为学生解决难题，做每一个学生健康成长的引路人。

案例 21　寝室沟通促和谐

导语：宿舍对于大学生来说，是极其重要的场所，对大学生的身心成长发挥着至关重要的作用。宿舍成员存在着性格不同、成长环境不同、价值观不同等差异，因此在宿舍中难免会出现各类矛盾。辅导员要明晰学生矛盾要点，建立沟通桥梁，促进寝室和谐。

一、基本情况

A 同学，女，大三学生，某天晚上深夜，通过企业微信给辅导员发消息，提出换宿舍，换宿舍的原因主要是寝室里面的 B 同学。A 同学自述与 B 同学有三个不合适。一是卫生习惯不一样，室友不爱打扫卫生，而且打扫卫生敷衍了事，清扫不彻底，寝室值日制度形同虚设；二是作息习惯不一致，自己因为要早起训练所以每日 10 点半左右就入睡了，但是室友一般要打游戏到凌晨一两点，特别是没课的时候经常通宵，严重影响睡眠；三是价值观不合，针对同一问题和室友的看法会有分歧，与之沟通时容易吵架，导致矛盾逐渐显露。A 同学说有尝试和室友沟通，但是效果不佳，于是尽可能少待在宿舍，在宿舍也不怎么和室友 B 讲话，明显感觉融入不到室友当中去，有一种被排挤的感觉，内心很痛苦郁闷。今天更是爆发了一次争吵。导火线是今天 A 同学觉得垃圾桶味道较重，不及时倾倒就不得不放置门外，舍友 B 同学回到宿舍看到后破口大骂，责怪 A 不该将其垃圾桶放置门外，两人积压已久的情绪爆发，从而发生激烈的争吵，其他两位室友打圆场也无济于事。为了大家有更好的学习和生活环境，A 同学经过深思熟虑之后找到辅导员，希望换到另外一间宿舍去。辅导员收到 A 同学的信息后，及时给予回应，安抚其情绪，并约定在第二天在办公室进行面谈，详细了解学生情况。

二、案例分析

该案例中 A 同学因为和室友 B 同学产生矛盾且沟通效果不佳从而导致心里别扭，心情郁闷。产生宿舍矛盾的原因有以下方面：

（一）不同成长背景造成个性差异

一方面，学生来自于五湖四海，地域不同会导致生活习惯出现差异；另一方面，因为家庭经济条件和成长环境存在差异，加之"00 后"在追求个性化发展方面也存在很大不同。这些差异使得学生在宿舍这个集体空间生活时容易产生摩擦和矛盾。

（二）缺乏有效沟通以及心理不够成熟

宿舍矛盾最终的爆发往往是因为成员之间缺乏有效、真诚、心平气和的沟通，从而导致不信任和不理解被放大，最终造成宿舍争吵的出现。同时，"00 后的"心理不是特别成熟，遇事容易冲动，甚至缺乏理智，往往因为考虑不周而造成问题进一步恶化。A 同学和 B 同学出现隔阂时，没有过多地进行面对面交流，而是通过宿舍微信群去沟通，网络毕竟是没有温度的，表情包再丰富也不能够代替面对面的交谈。同时，双方都站在自己的立场上考虑问题，都觉得自己是对的，有一些以自我为中心，心理不成熟。

三、处理策略与过程

针对学生因寝室矛盾产生的问题，辅导员应当坚持解决心理问题和解决实际问题相结合，正面谈话和侧面了解相结合的原则，帮助室友化解矛盾，营造和谐融洽的宿舍氛围。

（一）侧面观察核实学生情况

根据A同学所说，辅导员通过查看学生基础信息成长档案，向宿舍长、班委、家长等多方了解A同学寝室的情况，同时通过定期走访其宿舍观察宿舍内卫生情况和其他室友的日常生活习惯，侧面询问值班制度是否落实，同学们平时的作息时间等信息。此外，辅导员还通过走进课堂，找班级同学了解情况等方式了解A同学的学习状态和性格特点，做到了心中有数，为谈心谈话做好铺垫。

（二）分别谈话客观分析问题

根据侧面掌握的情况，辅导员发现A同学所述基本属实，对其进行了肯定和情绪安抚；同时以此为基础，分别与A同学以及舍友B展开谈心谈话，倾听两位学生的心声。辅导员让A、B同学分别写出自己和舍友的优缺点，然后都列出一份"希望清单"，即希望舍友遵守的事项，比如在中午午睡、晚上就寝时小心轻声活动；公共区域及时打扫清理；宿舍垃圾及时倾倒；等等。在交换"希望清单"后，辅导员引导A、B双方协商制订折中的作息和卫生制度，尽早融入集体，适应环境。双方应相互理解，相互尊重，建立并维持良好的宿舍公共秩序，营造和谐有爱、积极向上的宿舍氛围。

（三）引导相互包容共促成长

辅导员以大二就签订过的"好室友约定"为基础，通过引导学生懂得由于每个人成长环境、个人经历不同从而导致每个人在性格、生活习惯等方面存在差异，每个人都有自己的闪光点和缺点，应该学会包容他人的不足，欣赏他人的优点，减少偏见，从内心接纳室友的不完美，积极主动去帮助室友，不要过分计较得失，从而拉近与室友之间的距离。

（四）持续关注，集体教育

分别谈话完后，辅导员对该宿舍进行了持续关注，定期走访和谈话，关心关怀解决实际问题。辅导员召开了主题班会，就宿舍秩序、卫生、人际关系、心理调适等问题与同学进行了讨论，引导班级学生知理、明理、导行，加强理解包容，增强互帮互助，齐心协力打造宿舍小集体、班级大集体，在集体当中共同进步，全面发展。

四、结果与启示

A同学再未申请调整寝室。进入大四，双方都进入考研复习当中，寝室再未出现冲突。

启示：宿舍关系不和谐很容易造成集体意识涣散、人际关系淡漠，严重的可能危及学生的心理健康。辅导员一定要深入学生宿舍，细心观察，加强与学生的谈心谈话，关心学生的学业、生活和心理状态，切实帮助学生解决实际问题。当宿舍发生矛盾时，辅导员要倾听多方的声音，全面掌握与事件有关的有效信息，分析矛盾产生的原因，做到客观、公平、公正地对待每一位学生。辅导员平时教育引导学生时要学会处理人际冲突的方法，从而帮助学生建立良好的人际关系，营造良好的宿舍氛围。辅导员要鼓励学生多多参加宿舍集体活动，如"优秀宿舍评比""宿舍设计大赛""宿舍文化艺术节"等，通过共同参赛、团结协作，进一步加深宿舍成员之间的感情。

第五篇

团体辅导篇

案例 22 "一沙一世界"团体辅导案例分析

导语：团体辅导又称为小组辅导、团体咨询，是心理辅导的主要形式之一。即在团体情境下，在辅导者的引导、训练、促进下借助人际交互作用，促使个体通过观察、学习、体验来认识自我、接纳自我，从而调整自己与他人的关系，发展良好的社会适应力。团体辅导作为心理辅导的一种形式，一直是高校学生工作的重要方式之一，也是辅导员必备技能之一。

一、案例背景

本人除了是带班辅导员外，也是我院心理专项负责人，负责指导我院心理工作站的日常心理健康工作。我院心理健康教育活动秉持"月有计划，注重实效，覆盖面广"的基本工作思路，通过多种形式和途径，开展了多项形式丰富、内容充实的心理健康宣传教育活动，时刻关注学生的心理变化，努力提高学生的心理健康素质。具体而言，学院以"四个一"（一支学生队伍、一个心理宣传矩阵，一个学生心理危机预警库、一个学院特色心理活动）为工作目标，在学校已有心理健康教育工作网络和心理危机干预体系的基础上，进一步逐级分解任务、明晰责任，建立和完善学院心理健康教育辅导站规章制度，压实职责，提高学生心理健康工作针对性和有效性，着力提升学生心理健康素养。作为学院特色心理活动之一的

"成长性团体辅导活动"，则是针对于我院学生的一项心理福利。大学是一个人成长的关键时点，同时也是人生的一个重要阶段，在这个阶段大学生会面对来自内部与外界的各种压力，遭遇各种问题，遇到前行的阻碍，而大学生普遍对自己的认知不足，对目标定义模糊，对未来发展迷茫。针对这些问题，我院开展针对性的成长性团体辅导活动，让同学在心理学方面专业的老师指导下，在团体的情景中进行心理辅导，在沙盘的奇妙心理世界里与自己的心灵对话，将自己的内心呈现出来，从而获得治愈、发展。我作为带队老师，曾在多家学校开展学生团体及个体心理辅导活动；曾赶赴灾区开展心理救援工作；曾在多家机构针对网络成瘾青少年及其家长开展心理辅导工作。

二、团辅过程

本次成长性团体辅导（团辅）以"一沙一世界"为主题，连续进行 4 次团辅活动，时间段集中于周四下午，每次持续时间 1.5 小时。每次活动共吸纳学院 9 名学生前来参与。

第一次团辅中，成员签署团体契约，然后选择代表自己形象的沙具，相互了解，开启了团体成长之旅。

第二次团辅中，成员团共同完成一个团体沙盘世界，探讨人际关系。

第三次团辅中，以沙盘为纸，以沙具为笔，勾勒每个人的家庭图谱，梳理家庭关系，深入了解家庭。团辅成员选择代表家人们的沙具，或以性格，或以外形来选择；分享自己的家庭关系，不仅能清楚地认识自己的家庭，也增进相互间的了解。

第四次团辅中，以沙具为型探索"生命旅程"，分享自己的过往，畅想未来；团体分离前，参与者书写临别赠言，相互鼓励，铭记友谊。最后合影留念，记录团辅活动获得的成长与友谊。

三、团辅总结与成员心得

经过四次的团辅活动，参与者在团辅老师带领下借助沙盘，积极探索自我、人际、家庭等，在安全、平等、温暖的团体氛围中互动交流，并在其中不断觉察自我，收获自我成长与人际友谊，让自己的心灵得到疗愈。

团辅成员 1：在本次心理团辅活动中，我结识了一群有趣且热情的朋友，我们分享彼此的烦恼和欢乐，回忆过去，畅想未来。这使得我有机会了解更多同龄人的想法，体会到在成长这条道路上，有这许多人与我同行。这是一段宝贵且美好的回忆，我将会好好珍藏。

团辅成员 2：在这次心理团辅中，和成员们相处得都很愉快，有的人沉稳，有的人活泼，但都是性格很好的人，当然，老师也很幽默和专业，在心理老师的带领下，我们从沙盘中看到自己的性格特点、家庭关系以及过去的自己、现在的自己和未来的自己，也获得了许多感触和思考，更好地看到了自己的内心真实的想法，每周同样的时间段，我们相聚在一起，没有外界的干扰，畅所欲言，轻松愉快，很好地治愈了自己。

团辅成员 3：不同的年级有不同的心态，（建议）合理安排参加人数的比例，能避免只有我一个大三的同学。组队参加活动，可以提升组内的关系。但是对于其他同学来讲，这已经隔了一层隔膜了。朋友依然是朋友，路人依然是路人。

团辅成员 4：在此次活动中，我感受到了不一样的快乐，在里面我不会有太多约束，可以说自己心中的一切。在里面我放空了自己，也结识到了有趣的伙伴。在游戏中我们用沙具代表自己，感受到了可以依托的快乐。在沙盘中做游戏，更像是将自己具象化到物体上。或许这次活动中的自己才是真正的自己。愿所有的伙伴都会成为自己心中的样子。

团辅成员 5：非常高兴能有这样的机会和大家一起参加这几次的心理团体辅导。通过团体辅导，我们增进了对团体的了解和认识，获得了身体和心灵的放松，也了解到了沙盘游戏对心理方面有着独特的作用。

团辅成员6：在四次"一沙一世界"系列活动的过程中，我们分别体验了亲情、自我、合作与交流，这些美好回忆带给我们知识与快乐，泪水与笑容掺杂，感恩与怀念缠绕，成员们认识了自我，也参与了他人的生活。

团辅成员7：很感谢有这次机会能和大家一起参加这次的心理活动，认识了很多朋友，倾听了很多故事，体会了很多生活，也有了表达自我的机会，感谢相遇，不负遇见。

团辅成员8：在此次团辅活动中，我们一共进行了四次交流。第一次，选用沙具代表我们自己的形象。从这次活动中，我好像对自己的追求有了更确切的认识，对于现状的纠结也有所缓和。第二次，选用沙具进行创作，一开始，我跟随大家布置成一个海岛的样子，但慢慢地我发现大家的想法跟我自己的想法逐渐开始拉开距离，我便开始用自己的角度去创作。在这次活动中，我也发现其实我的个性挺鲜明的，对于别人的想法我无从改变，但我会选用一个自己的舒服的方式去对待。第三次，是关于自己的家人。大家的家庭有人多的，也有人少的，都有自己的家长里短。最后一次，是梳理自己的过往，也畅想未来，有大家对自己的祝福，真诚又热烈。此次活动，从自己的个性、家庭成长经历出发，去寻找自我，发现更深层次的自己，让我发现很多我们自己都察觉不到的不经意的举动，往往都是有迹可循的。

团辅成员9：通过这四次的团辅活动，我不仅对沙盘有了了解，更对自己和家庭关系有了更深入的认知。团辅活动让我学会思考自己是什么样的人，想要成为什么样的人以及自己处于何种环境中。非常感谢老师的悉心引导和同学们的陪伴，这是一次有趣且有用的团辅体验。

启示：相对于个体辅导而言，团体辅导具有的效率较高、资源分享、归属体验、真实场景等特点，使学生具有较高的参与性、互动性和实效性，是辅导员必备技能之一。但团辅对带领者要求较多，辅导员应当加强心理团辅技能培训，从而在应对成员中的心理挑战时会更加从容应对。

案例 23 "凝心聚力共成长"——团辅式心理班会案例分析

导语：主题班会教育是大学生思想政治教育工作的重要途径之一，是管理班级的重要形式，是辅导员对学生进行集体教育的有力手段。传统的讲授式主题班会已经无法很好的适应现阶段大学生自身的学习模式。高校在引入团体心理辅导技术，增强大学生对主题班会的参与意识，提高学生综合素质。

一、案例背景

班级凝聚力是班级建设的核心内容，是营造良好的班级学风、构建和谐友爱的班级氛围、促进班级向心力形成的重要体现。而一个新班级的凝聚力不是天然存在的，新的同学来自天南海北，具有不同的成长背景，忙于自己的生活与学习。大学生的生活较为宽松，生活半径比高中固定化的教室场地大得多，互相接触的可能大大降低。在以往中途带班的毕业生调研时，有学生表示班级学生都认不全。为了弥补这一缺陷，我自从接手最新班级以来，打算先要让班级凝聚力上一个台阶。通过不定期、不定时、不定人员地邀请新班级学生前来"见一见，聊一聊"的谈心谈话，辅导员了解到班级上因大一专业分流等多因素影响，普遍存在小团体、凝聚力差、缺乏班级荣誉感、缺乏理想信念的问题。为聚拢班级同学的心，凝聚共担风雨的能量，辅导员特别策划开展了别开生面的团辅式主题心理班会，并想通过团辅式主题班会解决传统的主题班会教育当中学生参与不高的问题。传统的主题班会具有临时性，对学生整体提高效果不明显；学生地位从受教育者转变成了被教育者，使学生在班会上感到压抑，从而产生抵触情绪；主题班会结束后辅导员缺乏及时反馈和跟进，没有产生实质性变化，同学对班会的期望度就会降低，参与热情不高。团体辅导主题班会是一种以预防为主的心理辅导，辅导员提前设计项目内容来预防和解决不同阶段同学的共性问题和困扰，学生在欢乐的氛围中接受教育，加强主题班会的教育成效。通过学生之间的互动，让学生们打开心扉。在班会最后阶段，辅导员总结、提炼学生的分享，加以延伸、拓展。团体辅导心理班会不是课堂教学，是富有思想内涵的体验式学习。团体辅导在心理班会的应用不仅能够强化本科院校班级的教育功能、管理功能和德育功能，促进学生个人和班级整体的共同发展，而且能够促进学校德育工作的顺利开展；团辅式心理班会将辅导员由"一对一"的问题解决模式转变为"一对多"的辅导预防模式，辅导员和学生在轻松愉快的班会活动氛围中体验快乐、体验成长，辅导员与学生团结在一起，在团体活动中贴近学生、贴近生活、贴近实际，不仅丰富了思想政治教育体系，也使学生真正成为思想政治教育传播的驱动者。

二、实施过程

依据班级学生年级、专业等，辅导员专门设计了"班级凝聚力"团辅式班会方案设计，以"互动体验式促进班级凝聚力"为切入点，以"守护天使""认识我是你的荣幸""成长之旅行""定格美好记忆"多项活动分层次、递进式开展活动。具体活动规则与指导语如下。

（一）热身活动——进化论

四个状态：鸡蛋（蹲）、小鸡（半蹲）、大鸡（站）、凤凰（坐）；初始状态都是鸡蛋；进化原则：同类比赛（石头剪子布），赢者进化，输者变成鸡蛋（无论哪种状态）；进化成凤凰后，到主持人处报到，并按序就座。

（二）守护天使

每组成员抽取一张卡片，卡片上的他就是所守护的他，你是他的守护天使；守护过程中不得向任何人透露你所守护的人是谁，也不能让守护的人知道是谁在守护他，只能默默鼓励与帮助所守护的人（例如：支持、关注、温暖，或是帮他倒一杯热水等现实帮助）；活动结束的揭秘大会上，才公布自己所守护的人的姓名，并说出守护期间你与他的事情；活动结束时，现场给（或承诺给）守护的他一个小礼物。

（三）认识我是你的荣幸

"我叫×××，认识我是你们的荣幸，因为我有很多的优点，时间关系只给你们介绍3个。"

（四）成长之旅

请在 A4 纸中间用笔画一条直线，左边起点（出生日期）、右边（今天的日期）、中间找个点（来到大学的日期），在生命线段当中，找到以下的时间点，并写下具体情况：今天的惊喜、遗憾的事、最感谢的人、高光时刻、此时此刻最想跟小伙伴们说的话。

（五）守护天使大揭秘

我守护的他是××；今天活动中，我为他做了××（遗憾没做××）；现场给（或承诺给）守护的他一个小礼物。

（六）定格美好记忆

合影留念，并为班级喊口号。

三、活动效果与启示

育人先育心，区别于传统的、常用的班会形式、谈话模式，运用心理学中群体动力学的知识与技能开展以班级为单位的成长性团体心理辅导，使辅导员在团体活动中逐步拉近了与学生的距离，同时激发各个成员的自我效能感，引发成员凝聚力，将个体动机与团体目标、班级目标紧密联系。本次团辅式主题班会活动的开展，加深了班级的凝聚力并且提升了同学之间的感知力和亲和力，为班级的发展提供了沟通交流的桥梁。经过目前阶段的活动实施，所带各班级同学之间彼此熟悉，互相支持帮助。团体辅导促进学生学会了与他人相处，真正实现了思想政治教育有的放矢的开展，增强了班级凝聚力建设。在取得良好的效果后，辅导员将进一步结合学生不同时期产生的不同的心理特点，针对不同年级的学生，将团体辅导主题班会目标层次化，有计划、有针对性地开展辅导活动。如班级学生到大二时，开展学生环境适应、人际交往、职业规划、自我探索等为主题的团体活动；大三时，开展以生活与职业指导、团队合作、恋爱等为主题的团体辅导活动；大四时，开展以择业就业心理等为主题的团体辅导活动，帮助学生端正就业观。

启示：辅导员开展团辅式主题班会具有独特的优势。开展团辅式主题班会的做法和经验心得主要有：一是运用团辅思维，在班会活动中以学生间的互动与联结促进学生成长；二是把握学生需求，针对性地选择主题与活动；三是借助工具材料（如绘画、冥想音乐等），增强学生活动参与度；四是借力心理中心专业指导、依靠班级骨干开展。

案例 24　为了更好地怀念——班级团体哀伤辅导案例分析

导语： 学生发生意外，所在班级的同学都会出现情绪和行为不适，辅导员要及时和有效地处安抚同学们的哀伤和失落情绪，尽早让他们回归正常的学习和生活。

一、基本情况

某天下午，我院学生 X 同学在校外游玩时因为恶性交通事故意外去世。X 同学是班级班长，担任班长期间，工作认真，热心帮助同学，在班级当中拥有良好的个人形象与威望。现场与其一起游玩的同寝室室友虽未受伤，但是亲眼目击了整个车祸现场。X 同学被家人接回老家安葬，班级同学因为有课未能前往吊唁。据辅导员 L 老师观察，目前班级整体氛围较为压抑，X 同学身边的朋友特别是两个一起游玩的同学更是出现了强烈的情绪和行为不适：悲伤、惊恐、失眠多梦等。而辅导员 L 老师也在处理 X 同学后事的过程当中，面临着学校、家长多重悲伤，自诉也出现抑郁的状态。L 老师向学院心理专项老师的我寻求帮助。在心理中心的专业指导下，我开展了一次班级哀伤辅导，以协助学生觉察与宣泄对同班同学意外身故的哀伤与失落情绪，并能逐步完成化解哀伤的历程；协助完成与过世同学的未竟事务；让学生学习在哀伤时期的自我照顾。整体辅导时间约为 90 分钟，逝者生前好友、同班同学、辅导老师共计 40 余人参加。

二、实施过程

在心理中心的专业指导下，开展班级辅导流程如下：

（一）前期准备

借用学院活动室，提前准备好音乐，布置现场。预备手巾纸、彩笔、白纸若干；准备好打火机与铁盆。

（二）建立关系

辅导老师简单做自我介绍，对本次班级团体活动的方式及目的做简单的介绍。

（三）澄清事实

辅导员说明意外事故的发生经过，及 X 同学已去世安葬的消息，主要目的是让学生清楚了解危机事实，减轻或排除谣言带给大家的疑惑、恐慌和愤怒情绪。

（四）还原现场

以冥想引导同学进入这个意外事件的氛围中，并同理学生可能有的情绪与身心反应，加以正常化、普遍化。在面临这样的事情时，任何人都会有反应。每个人的反应都不同，这是正常的，请不用担心或害怕。引导现场人员把当时与此刻的想法及身体反应与大家进行分享。成员之间彼此耐心倾听，允许把悲伤情绪表达出来、发泄出来。对于个别不开放的成员，团体活动结束后可跟进。

（五）正常化情绪反应

以缓慢温暖的音调带领学生进入冥想，引导现场人员感受自己的情绪及状态，并再次强调面对这种经历每个人的身体反应以及情绪感受会有所不同，并加以正常化、普遍化。

【指导语】：一直与你朝夕相处的 X 同学突然因为意外过世了，原来以为可以一起长大、永远在一起的朋友突然消失了。过去你与 X 同学相处的点点滴滴还历历在目，你们一起在教室读书上课、在操场运动追逐、一起玩游戏、一起打球、一起扫地工作、一起吃午餐、一起聊天……这个令人心痛的消息可能会对你的生活、学习、情绪带来很大的影响，在情绪方面你可能曾感到震惊、不敢相信，甚至有罪恶感、恐惧、愤怒、痛苦、沮丧等情绪，这些情绪都是自然而正常的，请你接纳这些情绪，让这些情绪自然流露，这样可以让自己较顺利的走过悲伤，恢复正常的生活。

（六）一封给天堂的信

引导学生给逝者写一封给天堂的信。当信写完后，引导学生以现场烧掉的形式，送给天堂的 X 同学。

【指导语】现在请你允许自己去碰触内心深处对 X 同学的情怀，去体会一下内心的感觉，你与 X 同学是否存着一些遗憾，有些约定还来不及去做（遗憾）；或者你曾经对不起他还来不及道歉；他对你的帮助与关心你还来不及表达感谢（没来得及的欣赏与感谢）；或者××同学曾经伤害你还来不及向你道歉，你们中间的误解来不及化解（未达成的和解），等等。请将这些未了的情感对他说，然后好好地向他道别，虽然他已不在身旁，但相信你的心意他可以接收到。所以，你还可以向他表达一下你现在的状态（目前状态），以及对他的祝福（对他的祝福），还有你关于他最新的决定（新的决定）。你可以将这些情感、这些内心的话融入你所准备的信纸，做成一份送给他的天堂信物表达你对他的心意，若你已准备好，请慢慢张开眼睛开始制作你的信物。

（七）仪式性的哀悼

引导现场人员以烧掉天堂信的形式来完成对逝去学生的哀悼。在这种仪式化的哀悼过程中，让成员丧失挚友的痛苦得以化解。同时强调，当我们为逝去的朋友哀悼时并不是要切断、放弃与逝者的关系，而是要为对逝去朋友的思念和回忆，在情感生命中找一个适当的处所，使我们可以持续保有对逝去朋友的想念和回忆，以找到自己适合的方式好好说再见。同时也让现场人员做个决定，立下决心走好往后的人生旅途，同时也找到一种方式让自己可以更好地在世上继续生活下去。

（八）面向未来

在活动结束时，引导成员集体默哀一分钟，牵手祈祷；然后相互拥抱，结束辅导。

参考文献

［1］教育部. 教育部关于加强家庭教育工作的指导意见［J］. 中华人民共和国教育部公报，2016，29（1）：49-51.

［2］黄希庭，郑涌. 大学生心理健康教育［M］. 上海：华东师范大学出版社，2020：136-137.

［3］俞国良. 大学生心理健康［M］. 北京：北京师范大学出版社，2019：137-139.

［4］林崇德. 发展心理学［M］. 北京：人民教育出版社，2009：36-40，394-396.

［5］杨丽珠，董光恒. 父亲缺失对儿童心理发展的影响［J］. 心理科学进展，2005，13（3）：260-266.

［6］张玉梅，周敏.“阳光型”抑郁症的解读与干预措施［J］. 政工学刊，2019（6）：63-65.

［7］吴雨薇. 论原生家庭对个体发展的影响：从家庭系统理论出发［J］. 泉州师范学院学报，2017，35（3）：88-92.

［8］杜旭阳，张朝晶. 大学生心理危机干预研究［J］. 黑龙江科学，2021，12（5）：144-145.

［9］张月璐. 家校联动、精准对接、探索合力育人途径［J］. 读与写杂志，2018，15（8）：83.

［10］陶沙，李伟. 抑郁倾向大学生社会支持结构及其满意度的研究［J］. 中国心理卫生杂志，2003，17（1）：39-41.

［11］吴才智，江光荣，段文婷. 我国大学生自杀现状与对策研究

［J］．黑龙江高教研究，2018，36（5）：95-99.

　　［12］黄琇雯．大学新生入学教育的探讨［J］．科技信息，2010（9）：517-518.